G. C. F Lisch

Pfahlbauten in Mecklenburg

G. C. F Lisch

Pfahlbauten in Mecklenburg

ISBN/EAN: 9783743339590

Hergestellt in Europa, USA, Kanada, Australien, Japan

Cover: Foto ©ninafisch / pixelio.de

Manufactured and distributed by brebook publishing software
(www.brebook.com)

G. C. F Lisch

Pfahlbauten in Mecklenburg

Pfahlbauten

in

Meklenburg,

von

Dr. G. C. Friedrich Lisch,

großherzoglich meklenburgischem Archiv-Rath, Conservator der Kunstdenkmäler
und Director der Alterthümersammlungen u. s. w.

Mit 40 in den Text gedruckten Holzschnitten
und 4 Steindrucktafeln.

Separat-Abdruck aus den Jahrbüchern des Vereins für Meklenburgische
Geschichte und Alterthumskunde, Jahrgang XXX.

In Commission in der Stiller'schen Hofbuchhandlung.
Schwerin, 1865.

Inhaltsanzeige der Pfahlbauten.

	Seite
I. Pfahlbau von Wismar, von dem Archiv-Rath Dr. Lisch . .	1
Mit 29 Holzschnitten und 3 Steindrucktafeln.	
Nachtrag unten S. 113.	
1. Pfahlbauten der Steinperiode	1
2. Gräber der Steinperiode	9
3. Lage des Pfahlbaues von Wismar	13
4. Lagerungsverhältnisse dieses Pfahlbaues	16
5. Pfahlhäuser	20
6. Geräthe aus Stein.	23
7. Geräthe aus Thon	45
8. Geräthe aus Knochen und Horn	50
9. Leder	56
10. Pflanzenreste	56
11. Thierknochen.	61
12. Menschenknochen	77
13. Bronzegeräthe	77
14. Schlußbetrachtungen	79
II. Anhang. Nachrichten über andere Pfahlbauten und Höhlenwohnungen in Mecklenburg und in angränzenden Ländern, von demselben.	
1. Pfahlbau von Gägelow	85
Mit 5 Holzschnitten und 1 Steindrucktafel.	
2. Pfahlbau von Bützow	98
Mit 2 Holzschnitten.	
3. Meerpfahlbauten von Wismar	101
4. Pfahlbauten in Neu-Vor-Pommern, von dem Dr. F. v. Hagenow zu Greifswald	105
5. Pfahlbauten in den Vierlanden	112
6. Nachtrag zum Pfahlbau von Wismar, von dem Archiv-Rath Dr. Lisch	113
Mit 4 Holzschnitten.	
Nachtrag zu oben S. 1 bis 80.	
7. Hölzernes Wagenrad von Schattingsdorf . . .	119
8. Höhlenwohnungen von Dreveskirchen	123
9. Höhlenwohnungen von Wismar	128

Pfahlbau von Wismar,

von

G. C. F. Lisch.

---

1. Pfahlbauten der Steinperiode.

Seit hundert Jahren sind in Meklenburg aus Gräbern und vereinzelten Funden Alterthümer der heidnischen Stein- und Bronzezeit im wissenschaftlichen Sinne gesammelt und in einer Sammlung vereinigt, welche Forschern reichen Stoff zu Beobachtungen bietet, nachdem sich bestimmte Perioden der Urzeit gewissermaßen von selbst herausgestellt haben und zuerst in dem Friderico-Francisceum oder großherzoglich-meklenburgische Alterthümersammlung, Leipzig, 1837, beschrieben und dargestellt sind. Mit der Stiftung des Vereins für meklenburgische Geschichte und Alterthumskunde im J. 1835 wuchs die Theilnahme an geschichtlichen Forschungen und der Eifer für das Sammeln von Alterthümern, und es wurden zahlreiche Gräber aufgedeckt und einzelne Funde gemacht, welche oft überraschende Ergebnisse boten. Besondere Aufmerksamkeit erregten von jetzt an die häufigen Funde schöner, seltener und wohlerhaltener Alterthümer, welche in den zahlreichen Torfmooren Meklenburgs gemacht wurden, oft nach den Aussagen der Finder neben viel altem Holz oder „Baumstämmen". Obgleich ein Vierteljahrhundert hindurch alle Anstrengungen gemacht wurden zu erklären, wie die Alterthümer, nicht selten in großer Menge beisammen, in die Moore gekommen seien, so konnte doch keine Erklärung aufgefunden und aufgestellt werden, welche vor dem Richterstuhle ruhiger Forschung hätte bestehen können; alle Erklärungsversuche verschwanden in Vergessenheit, weil sie nicht glaubwürdig erschienen.

Da machte der Professor Keller zu Zürich im J. 1854 die in der Geschichte der Wissenschaften ewig denkwürdige Entdeckung der Pfahlbauten. Als im Winter des Jahres 1854 die Gewässer der Schweiz durch Dürre und Frost so tief sanken, wie vorher seit Jahrhunderten nicht, und die Anwohner des Zürcher Sees bei Meilen dem trockenen Ufer durch Eindämmung Land abgewinnen wollten, entdeckte Keller[1] hier, „daß in frühester Vorzeit Gruppen von Familien am Rande „der schweizerischen Seen Hütten bewohnten, die sie nicht auf „trockenem Boden, sondern an seichten Uferstellen auf Pfahl- „werk errichtet hatten, und daß diese Wasserbauten durch „Feuer zerstört wurden." Nachdem diese Entdeckung sogleich veröffentlicht war und in der Schweiz bald Eingang gefunden hatte, kamen die heißen und trockenen Sommer der Jahre 1857 und 1858, welche durch das Sinken der Gewässer die Verfolgung der Forschung ungemein begünstigten. Die For- schung und Theilnahme an den Pfahlbauten, begleitet von andern wichtigen geologischen und osteologischen Entdeckungen, bemächtigte sich bald aller denkenden Geister und drang rasch und tief in viele andere Wissenschaften ein. Mit der Erkenntniß wuchs die Zahl der entdeckten Pfahlbauansiede- lungen. An zahlreichen Orten fand man ausgedehnte Pfahl- bauten, welche eine unglaubliche Menge von versunkenen Alterthümern aus den ehemaligen Wohnungen lieferten und auch in den Häusern von Privatleuten Sammlungen ersten Ranges entstehen ließen, wie z. B. die des Herrn Obersten Schwab zu Biel, die reichste von allen, des Herrn Obersten Suter zu Zofingen aus dem Pfahlbau von Wauwyl, des Herrn Dr. med. Uhlmann zu Münchenbuchsee u. A., so daß bis jetzt schon 200 Pfahldörfer in der Schweiz entdeckt sind. Die Pfahlbauansiedelungen in der deutschen Schweiz gehören alle vorherrschend der Steinperiode an. In den folgenden Jahren wurden aber in der französischen Schweiz, namentlich durch den Herrn Professor Troyon zu Lausanne, auch zahl- reiche Anlagen aus der Bronzeperiode entdeckt, ja zuletzt durch den Herrn Professor Desor zu Neuchatel im Neuenburger See auch ein Pfahlbau aus der Eisenperiode mit ausgezeichnet

---

[1] Die Forschungen von Keller sind seit 1854 in den „Mitthei- lungen der antiquarischen Gesellschaft in Zürich," in mehreren Hef- ten niedergelegt, welche im Laufe dieser Darstellung durch Keller I, II, u. s. w. citirt werden sollen. Diese werthvollen Forschungen sind in dieser Abhandlung oft berücksichtigt, ohne in jedem Falle genannt zu sein.

gearbeiteten und erhaltenen Geräthen, ohne Ausnahme aus Eisen, deren auch der Herr Oberst Schwab viele gefunden hat.

Aber nicht nur an den Ufern der Seen fand man versunkene Pfahlwohnungen, sondern auch tief in den Torfmooren, welche in den ältesten Zeiten der Menschheit Seen gewesen sind. Zu den reichsten Fundgruben im Moor gehören das Torfmoor von Robenhausen [1]) bei Wetzikon, welches persönlich von dem unermüdlichen Herrn Schulpfleger Messikomer zu Wetzikon, und das Torfmoor von Wauwyl, welches durch den eifrigen Herrn Obersten Suter zu Zofingen ausgebeutet wird.

Alle diese Fundstellen der Schweiz liefern nun nicht nur alle Arten von Alterthümern, welche im Norden aus den Gräbern der verschiedenen Perioden bekannt geworden sind, sondern auch zahlreiche Gegenstände, welche das innerste häusliche Leben der Pfahlbaubewohner kennen lehren und in den Gräbern nicht erhalten oder niedergelegt sind, z. B. Knochen vom Schlachtvieh, Getraide, Baumfrüchte, Sämereien, Gewebe, Geräthe von Knochen, Horn und Holz und vieles Andere mehr. Dagegen fehlen in der Schweiz die Gräber, welche mit den Pfahlbauten der verschiedenen Perioden übereinstimmen müßten, in genügender Zahl oder sind nur in geringen Ueberresten erkennbar. Es fehlte also bisher gewissermaßen der Schlußstein der Forschung.

In den nordischen Ländern, welche so unendlich reich an Gräbern und an Alterthümern aus allen Perioden des Menschengeschlechts sind, fehlte es dagegen bis jetzt an Pfahlbauten, welche bis hierher auf das Alpengebiet beschränkt blieben und außer in der Schweiz nur am südlichsten Rande Deutschlands und am nördlichsten Rande Italiens, also in den Gebieten der Gebirgsseen der Alpenzone, gefunden wurden. Es würde von der allergrößten Wichtigkeit sein, gewisse Gräber nachzuweisen, deren Alterthümer mit den Alterthümern von gewissen Pfahlbauten übereinstimmen. Und diese Aufgabe glaube ich durch die Entdeckungen der Pfahlbauten in Meklenburg lösen zu können.

---

[1]) Im Torfmoor oder Riet von Robenhausen habe ich am 9. Sept. 1864 persönlich mit Herrn Messikomer gegraben und mich von allen Umständen genau unterrichtet. Herr Messikomer hatte die Freundlichkeit, mir die von mir gefundenen Gegenstände zum Andenken zu schenken, die ich den Sammlungen des Vereins einverleibt habe.

Seit der ersten Entdeckung der Pfahlbauten in der Schweiz richtete ich mein Augenmerk noch schärfer auf die zahlreichen Landseen Meklenburgs; aber wie früher, so zeigten sich auch jetzt in diesen Gewässern keine Spuren menschlicher Anlagen, vielleicht weil die Seen des Niederlandes gewöhnlich nur sehr flache, oder auch zu tiefe Ufer haben. Alle Bemühungen, zur Entdeckung von Pfahlbauten zu gelangen, blieben nach vielen Täuschungen fruchtlos, und ich kam schon auf den Gedanken, daß das Tiefland Deutschlands gar keine Pfahlbauten gehabt habe, weil das Land genug lose Erde besitzt, um auf leichtere Weise durch Einschüttung von Erde ins Wasser gesicherte Wohnsitze zu gewinnen, wie auch das jüngere Volk der Wenden zur Eisenzeit historisch erweislich solche eingeschüttete Wohnplätze gebauet hat. Bei gesteigerter Theilnahme mehrten sich aber in den neuesten Zeiten die kleinern Moorfunde in Meklenburg sehr bedeutend; namentlich wurden in den Torfmooren sehr häufig uralte Thiergehörne aller Art entdeckt, erkannt und eingesandt, von denen viele offenbar von Menschenhänden angearbeitet waren. Diese Thiergehörne schienen mir die sichersten Führer durch das Dunkel zu sein, und ich nahm den Gedanken an das Vorhandensein von Pfahlbauten wieder auf. Im Herbste des J. 1861 machte ich öffentlich darauf aufmerksam, daß Meklenburg wahrscheinlich auch Pfahlbauten habe, und bat bringend um scharfe Beobachtung der Torfmoore (vgl. Quartal=Bericht des Vereins für Meklenburgische Geschichte, 1861, October, die gleichzeitigen Zeitungen, die Jahrbücher des Vereins XXVII, 1862, S. 117). Als in Folge dieser Aufforderung die Auffindung von angearbeiteten Thiergehörnen größere Ausdehnung annahm, ließ ich nicht nach, den um die Auffindung und Einsendung von Alterthümern für den Verein mit Eifer und Erfolg lange bemühet gewesenen Sergeanten Herrn Büsch zu Wismar aufzufordern, ein scharfes Augenmerk auf die Moore bei Wismar zu richten. Im J. 1861 hatte der Herr Erbpächter Seidenschnur zu Gägelow, eine Stunde westlich von Wismar, in seinem Torfmoor zwei alte Hirschhörner gefunden. Ich ersuchte den Herrn Büsch, mir dieselben zu verschaffen, was auch gelang. Als ich diese alten Hörner sah, war es mir nicht mehr zweifelhaft, daß auf der Fundstelle ein alter menschlicher Wohnsitz gestanden habe; die Hörner waren gespalten und alle Enden waren offenbar mit Steinkeilen abgehackt und absichtlich abgebrochen (vgl. Jahrbücher XXVI, 1861, S. 132). Ich veranlaßte eine weitere Nachforschung in diesem Torfmoor; es ward zwar noch eine zur Handhabe für einen kleinen Steinkeil bearbeitete kleine

Elenschaufel gefunden (vgl. Jahrbücher XXVII, S. 172), aber nichts weiter, und so war auch dieser Fund wieder eine Täuschung gewesen. Jedoch ward durch solche Funde mein Glaube an Pfahlbauten immer stärker und ich ermunterte den Herrn Büsch immer dringender. Bei Gelegenheit der Nachforschungen in dem Torfmoor 1862 erzählte ihm der Herr Seidenschnur, daß er in einem von dem Torfmoor entfernten großen Moder= loche auf seinem Felde beim Ausgraben von Moder viele Pfähle von Eichenholz und auch einige Alterthümer von Stein ausgegraben habe. Als nun der Herr Seidenschnur die Alter= thümer an den Verein einsandte, war ich der Pfahlbauten in Mecklenburg völlig sicher. Ich begab mich daher sogleich im Mai 1863 mit dem Herrn Büsch nach Gägelow, um die Sache an Ort und Stelle zu untersuchen, und der erste Pfahlbau in Deutschland war entdeckt! Die Stelle war in uralten Zeiten ein kleiner See gewesen, welcher bis auf die neuern Zeiten mit schwarzem Moder fest gefüllt war. An den Rändern dieses Sees hatten im Wasser viele Pfähle gestanden, welche runde Wohnungen zu tragen bestimmt gewesen waren, und innerhalb und neben den Pfahlrundungen hatten viele Alterthümer der Steinzeit gelegen. Aber dieser Pfahlbau stand nicht mehr; der Moder war bis auf den Grund ausgegraben und auf das feste Land gebracht; die Pfähle waren ausgezogen, und auf den Wirthschaftshof geführt und hier getrocknet und zersägt; die hervorragenden Alterthümer waren allerdings von dem Herrn Seidenschnur beim Ausgraben bemerkt und aufbewahrt. Bei der Untersuchung des zum Austrocknen ausgebrachten Moders ergab es sich aber, daß dieser voll Alterthümer aller Art steckte; namentlich fanden sich, außer steinernen Geräthen, sogleich die bezeichnenden zerhackten Thierknochen der Steinperiode, viele Topfscherben, steinerne Reibkugeln und vieles Andere. Dieser Pfahlbau von Gägelow, welcher in den Jahrbüchern XXIX, S. 120 flgb., beschrieben ist, konnte aber, weil er bei der Entdeckung nicht mehr stand, nicht mehr scharf beobachtet werden.

Da nun das Vorhandensein von Pfahlbauten in Mecklen= burg sicher festgestellt war, so konnte eine scharfe Aufmerksam= keit schon zur Entdeckung neuer Funde führen. Beim Beginn des Torfstiches im Mai 1864 wurden in dem Torfmoore der Stadt Wismar wiederholt feuersteinerne Keile ge= funden, welche in die Hände des Herrn Büsch kamen. Dieser, durch die Lagerungsweise bei Gägelow mit ähnlichen Erschei= nungen schon vertraut gemacht, sah in diesen Vorboten die An= zeichen von Pfahlbauten, und erkannte solche sogleich nicht nur an sonstigen ausgegrabenen alten Hausgeräthen, sondern auch

an den noch stehenden und erkennbaren Pfählen. Er setzte
daher seine Bemühungen mit dem größten Eifer fort und gelangte dadurch zu der vollständigen Entdeckung. Er über-
raschte die Quartalversammlung der Vorstandsmitglieder des
Vereins in Schwerin am 4. Juli 1864 persönlich mit einer
großen Menge von Alterthümern, welche er aus dem wismarschen Pfahlbau gewonnen hatte, in denen ich augenblicklich mit
Sicherheit die Ueberreste von Pfahlbauten erkannte. Am
6. Juli untersuchte ich daher mit Herrn Büsch persönlich die
Pfahlbaustelle und sah klar die Pfähle einer runden Wohnung
in der Tiefe stehen, grade wie ich sie später in der Schweiz
in dem Torfmoor von Robenhausen bei Wetzikon gesehen habe,
und am 11. Juli konnte in der jährlichen Generalversammlung
des Vereins der Vorstand den Mitgliedern die Entdeckung des
Pfahlbaues mit Bestimmtheit verkündigen und schon eine reiche
Ausbeute von Alterthümern aus demselben vorlegen. Seitdem
gab der Torfstich Schritt für Schritt neuen Gewinn, bis im
September 1864 für dieses Jahr der Torfstich geschlossen
ward und die Auffindung von Alterthümern im Großen damit
ein Ende nahm; jedoch wurden noch im November 1864 nachträglich kleine gewinnreiche Ausgrabungen veranstaltet.

Obgleich nun zu erwarten steht, daß das wismarsche Torfmoor noch viele Pfahlbauanlagen birgt und im Laufe der Zeit
noch zahlreiche Alterthümer von sich geben wird, so hat der
Vorstand des Vereins doch beschlossen, die erste Entdeckung
sogleich zu veröffentlichen, wie die schweizerischen Forscher es bei der ersten und jeder neuen Auffindung gethan
haben, damit die Wissenschaft rechtzeitig den Gewinn daraus
ziehen könne, und in der Ansicht, daß ein vollständiger Abschluß
der Forschung vor Ablauf vieler Jahre doch nicht möglich
sein werde.

Es folgt hier daher eine genaue Beschreibung und
Untersuchung des Pfahlbaues von Wismar und aller darin
gefundenen Alterthümer. Da es aber von großer Wichtigkeit
ist, die Pfahlbauten wenn auch nur annäherungsweise einer
bestimmten Zeit oder Periode zuzuweisen, so werden die in
den Pfahlbauten gefundenen Alterthümer mit den in den alten
heidnischen Gräbern gefundenen Alterthümern verglichen
werden, welche mit jenen muthmaßlich gleichzeitig sind;
oder vielmehr, aus der Gleichheit der Alterthümer in
bestimmten Arten von Gräbern mit den Alterthümern in bestimmten Pfahlbauten wird sich auf die Gleichzeitigkeit gewisser Gräber und Pfahlbauten schließen lassen. Bei der
großen Menge von Gräbern aller Perioden in den nord-

europäischen Ländern und den reichen wissenschaftlichen Erfah=
rungen, welche seit länger als einem Vierteljahrhundert aus
denselben gewonnen sind, wird also in Norddeutschland die
Gräberkunde die Grundlage für die Beurtheilung der
Pfahlbauten bilden müssen. Daß dabei die sichere Erfahrung
von den drei auf einander folgenden Zeitaltern, der
Stein=, Bronze= und Eisenzeit [1]), unerschütterlich zur
Richtschnur genommen wird, darf und kann nicht auffallen, da
die Erkenntniß von Tausenden von aufgedeckten Gräbern viel
sicherer ist, als die Erkenntniß eines Pfahlbaues. Wer daran
noch nicht glauben will, der möge nur den Inhalt eines
schweizerischen Pfahlbaues und eines norddeutschen Museums
mit eigenen Augen vergleichen, und er wird sich ohne Anstren=
gung überzeugen können, wenn er sich nicht gegen die Wahrheit
durchaus verschließen will, vorausgesetzt, daß er selbst viele
unberührte Gräber aus allen Perioden im wissen=
schaftlichen Sinne aufgedeckt hat. Mit den drei Perioden
wird übrigens gar kein „System [2]) gemacht", sondern die Funde

---

[1]) Zu den Beobachtern der drei Perioden kommt jetzt noch Pro=
fessor Weinhold in Kiel für Schleswig, Holstein und Lauenburg in
dem so eben ausgegebenen 24. Bericht der Schleswig=Holst.=Lauenb.
Gesellschaft, Kiel, 1864, „Die Eintheilung der Heidengräber". In
demselben Berichte S. 23 wird durch J. Brinckmann für Lauen=
burg auch die alte Eisenperiode unwiderleglich festgestellt, welche mit
der alten Eisenperiode in Mecklenburg auf das genaueste übereinstimmt.

[2]) Es ist im J. 1864 während des Krieges mit Dänemark von mehreren
Seiten, namentlich von v. Ledebur zu Berlin, dem sich später
Haßler zu Ulm angeschlossen hat, eine heftige, wie es scheint poli=
tische Opposition gegen das angeblich von den Dänen eingeführte so=
genannte „System" der Eintheilung der heidnischen Alterthümer nach
der Stein=, Bronze= und Eisen=Periode geführt, und auch Linden=
schmit zu Mainz hat fast gleichzeitig diese Eintheilung verworfen; ja
es ist diese Unterscheidung als ein „von außen her octroyirtes, „mit
„wahrer Aufbringlichkeit gepredigtes System" bezeichnet, mit dem
„Bestreben, ganz Deutschland zu danificiren!" Ich für meinen Theil
muß mich gegen diese, wie es mir scheint, aus irriger Auffassung ent=
standene Behauptung alles Ernstes verwahren, da ich in Deutsch=
land dieses sogenannte System früher aufgestellt habe, als die Dänen,
mit deren Forschern und Forschungen ich zur Zeit der Aufstellung des
„Systems" völlig unbekannt war, so wie diese wiederum die anti=
quarischen Zustände in Deutschland noch gar nicht kannten. Thomsen
hat mit der ihm eigenthümlichen Bescheidenheit und Vorsicht, aber auch
mit Sicherheit, seine Ansicht zuerst vollständig ausgesprochen in dem
kleinen Buche: „Leitfaden zur nordischen Alterthumskunde, Kopen=
hagen, 1837," S. 57 flgb., welches Schuld an der angeblichen Dani=
sirung sein soll; die Vorrede dieser deutschen Uebersetzung, welche
Ledebur meint, ist vom November 1837 datirt. Dieselben An=
sichten habe ich, nach der schwierigen und langwierigen Entdeckung
der damals noch unbekannten Eisenperiode aus der Brandzeit, auf

aus den verschieden construirten Gräbern reihen sich von selbst nach dem Bau der Gräber zu einem abgerundeten Ganzen. Man braucht die Funde aus gleich gebaueten Gräbern nur zusammen zu legen, und dies Zusammenlegen allein wird immer Gleichartiges zusammenführen und ist die Schuld an dem sogenannten "System", welches sich selbst gemacht hat.

Die folgende Untersuchung wird also auch die letzten Ergebnisse der Gräberforschung in sich aufnehmen müssen und diese durch die Pfahlbauten vielleicht schärfer und klarer hinstellen können, als es bisher hat geschehen können. — Außerdem wird sich die folgende Darstellung dem Geschäfte nicht entziehen können, die mecklenburgischen Pfahlbauten mit den schweizerischen zu vergleichen, von denen ich die vorzüglichsten selbst untersucht habe, weil hiedurch allein Licht in ein für uns noch ziemlich dunkles Gebiet zu bringen ist. — Alle diese Rücksichtnahmen werden eine dienliche Unterlage für fernere Entdeckungen in Mecklenburg bieten können.

die es bei der Erkenntniß der Perioden vorzüglich ankommt, da sich die beiden andern Perioden von selbst leicht herausstellen, in dem großen Werke: "Friderico-Francisceum, Leipzig, 1837," ausgesprochen; die Vorrede ist nach Vollendung des Drucks (im J. 1836 und früher) vom Januar 1837 datirt. Schon am 27. Januar 1837 veröffentlichte ich diese meine fertigen Ansichten vorläufig und populair in den "Andeutungen über die altgermanischen und slavischen Alterthümer Mecklenburgs" im Schweriner Freimüthigen Abendblatt, 1837, Januar 27, Nr. 943 flgb., im SeparatAbdruck, Schwerin, 1837, und in den Jahrbüchern des Vereins für Mecklenb. Geschichte, II, 1837, S. 132 flgb. Und bei der Stiftung dieses Vereins im April 1835 habe ich dessen bekannte Sammlungen nach diesem "System" angelegt, wie sie noch heute zu sehen sind. Und zu allen diesen umfassenden Bestrebungen gehörten vorher doch wohl mehrere Jahre Forschungen und Arbeiten. Mir ist also in Deutschland kein dänisches System octroyirt und bin ich daher für Mecklenburg, welches bekanntlich in Deutschland liegt, leider genöthigt, die Sünde der Erfindung dieses verhaßten "Systems" auf mich zu nehmen. Freilich erschien die dänische Ausgabe des Leitfadens schon 1836 und die Grundzüge waren schon früher in dänischen Zeitschriften ausgesprochen, aber alle diese dänischen Schriften waren bis zum Erscheinen der deutschen Uebersetzung in Deutschland, sicher mir, völlig unbekannt. Die antiquarischen Studien sind in Mecklenburg aber wenigstens eben so alt, als in Dänemark, sicher sind beide gleichzeitig und beide ganz unabhängig von einander. Uebrigens muß ich gestehen, daß ich nicht stark genug bin, in der Wissenschaft eine Unterscheidung nach "von außen" und innen anerkennen zu können; jedoch bekenne ich gerne, daß ich, "von außen" her, wenn man es so nennen will, namentlich im J. 1864, viel gelernt habe und daß der Krieg von 1864 nicht von Einfluß auf meine Gesinnung gegen den ehrwürdigen Thomsen gewesen ist, welcher in der Alterthumswissenschaft mehr wenigstens erfahren hat, als alle andern Studiengenossen.

2. Gräber der Steinperiode.

Die ältesten Gräber des Menschengeschlechts sind ohne Zweifel die aus großen Steinblöcken auf dem natürlichen Erdboden aufgebaueten Grabkammern, deren Steinbau von außen sichtbar ist. Man richtete zwei große Steinblöcke, in den Ebenen immer, in den Gebirgsgegenden auch wohl vorherrschend Findlinge oder erratische Blöcke, in Meklenburg ohne Ausnahme von Granit, einander gegenüber in einer solchen Entfernung von einander auf, als es durch die Länge einer Deckplatte bedingt ward, und so, daß man eine menschliche Leiche hineinsetzen konnte. Dann ward die Leiche sitzend so hineingesetzt, daß das Gesicht gegen Osten gewandt war. Hierauf versicherte man die Leiche durch verschiedene Mittel gegen wilde Thiere, überdeckte sie mit einer großen Steinplatte, welche von den beiden Endpfeilern getragen ward, verschloß die beiden Seiten durch etwas kleinere Steine und verwahrte auch von außen die Fugen und Lücken durch Verpackung mit kleinen Steinen. Die Steine, aus denen ein solches Grab aufgebauet ist, sind gewöhnlich von colossaler Größe, sehr häufig über 5000 Pfd. schwer. Diese einfachen Gräber sind jetzt gewöhnlich an den Seiten geöffnet und' ausgeräumt, denn die Habgier hat seit vielen Jahrhunderten nach irdischen Schätzen in ihnen gewühlt. Man sieht sie aber nicht sehr selten geöffnet auf den Feldern und sind allgemein unter den falschen Namen von Opferaltären, Steinkisten, Teufelsbacköfen u. s. w. bekannt. Sehr häufig sind aber mehrere Begräbnisse dieser Art dicht an einander gestellt und mit einander verbunden, am häufigsten vier, welche also oben durch vier Decksteine und an jeder Seite durch vier Tragsteine zu erkennen sind. Die innere Einrichtung dieser Gräber, welche gewöhnlich Hünengräber genannt werden, ist folgende. Die Tragsteine wurden, mit den ebenen Flächen nach innen gekehrt, dicht an einander gerückt. Der Boden ward mehrere Zoll hoch mit einem künstlichen Estrich (einer Art Chaussee) bedeckt, welcher aus Thon, grobem Sand und durch Feuer ausgeglüheten und daher blendend weißen, scharfen Feuersteinsplittern bestand. Diese Mischung ward ohne Zweifel gewählt, um Feldmäuse und Gewürm abzuhalten, da Feuersteinsplitter sehr scharf und schneidend sind; das Ausglühen geschah aber eben so sicher wohl nur zur Zierde, da die weiße Farbe des ausgeglüheten Feuersteins sehr rein ist. Vielleicht war aber die Legung dieses Estrichs auch eine Nachahmung der häuslichen Gewohnheit, indem man durch die Pfahlbauten erfahren hat, daß der Boden der Pfahlwohnungen ebenfalls mit einem ähnlichen Estrich belegt war, in welchen freilich keine scharfe Feuersteinsplitter gemengt wurden. Die Fugen zwischen den Tragsteinen wurden sorgfältig mit gespaltenen dünnen Platten von jungem rothen Sandstein ausgezwickt und versperrt; auch die Seitenwände wurden in der Tiefe mit solchen Platten bekleidet und die einzelnen Abtheilungen oder Kammern in großen Gräbern durch gleiche Platten abgegrenzt. Man bezweckte durch die Wahl dieser Gesteine ohne Zweifel die Herstellung eines Farbenschmucks, da die Farben weiß und roth neben dem hellgrauen Granit immer eine schöne Farbenzusammenstellung geben. In eine solche Kammer ward eine Leiche sitzend beigesetzt, und zwar nicht verbrannt. Ich habe nie bemerkt, daß die Leichen ganz liegend beigesetzt gewesen wären; dies wird auch in den seltensten Fällen möglich gewesen sein, da Decksteine von der dann erforderlichen Länge nicht häufig sind, und nach diesen sich die Länge des innern Raumes der Grabkammer richten mußte. Auch habe ich nie bemerkt, daß die Leiche „hockend", wie man vermuthet hat, beigesetzt worden sei, da ich die Beinknochen immer ganz ausgestreckt liegend gefunden habe. Man gab der Leiche immer einige, jedoch nicht viele kriegerische oder häusliche Geräthe mit ins Grab, nämlich vorherrschend Streitäxte, Lanzenspitzen, Dolche, Keile, spanförmige Messer u. A. Alle diese Geräthe sind ohne Ausnahme von Stein; ich habe nie bemerkt oder erfahren, daß ein metallenes Geräth[1]) in der Tiefe eines solchen Steinhauses der Steinzeit neben der Leiche gefunden wäre. Außerdem finden sich neben der Leiche immer einige thönerne Gefäße, Krüge und Schalen; diese enthalten nie zerbrannte Knochen, sondern sind nur mit der sie umgebenden Erde gefüllt; mitunter freilich bemerkt man in denselben einen anders gefärbten oder fettigen

---

[1]) Gegen die durch alle Erfahrungen gestützte Eintheilung der Gräber (und auch Pfahlbauten) in drei Classen: Stein-, Bronze- und Eisengräber, kann nicht die Beobachtung sprechen, daß sich in Bronzegräbern auch Steinsachen und in Eisengräbern auch Steinsachen und Bronzesachen finden; die Materialien und Geräthe früherer Zeiten wurden natürlich auch in den folgenden Zeiten gebraucht, selbst bis auf den heutigen Tag. Aber man darf die Folgerung nicht umkehren und verkehren! Es finden sich z. B. in Bronzegräbern Steinsachen aber nie in Steingräbern Bronzesachen u. s. w. — Vollends darf man in der Erforschung der Pfahlbauten von vereinzelten, zufällig verloren gegangenen jüngeren Geräthen keinen Schluß auf die ganze übrige Masse machen. Man soll nie die Ausnahme zur Regel erheben wollen.

Bodensatz. Diese Gefäße, welche gewöhnlich durch die darüber aufgehäufte Last zertrümmert und daher im unverletzten Zustande sehr selten sind, wurden, ohne Zweifel mit Speise und Trank gefüllt, dem Todten zur Seite gesetzt. Dann ward die Leiche mit Erde bedeckt und die ganze Grabkammer bis oben hinauf mit kleinen Steinen fest verpackt. Schließlich ward die Kammer mit dem Decksteine geschlossen. Auch von Außen wurden die Fugen zwischen den Tragsteinen mit kleinen Steinen fest verpackt.

Solche freistehende Gräber der Steinzeit, welche ich für die ältesten halte, sind nicht mehr sehr häufig und werden bei der immer mehr steigenden Ausbildung des Feldbaues immer seltener. Es ist mir in den neuesten Zeiten nach Gewinnung reiferer Erfahrungen noch geglückt, zu Alt-Sammit bei Krakow zwei solche große Gräber, jedes mit 4 Decksteinen, welche noch völlig unberührt und vollständig ausgestattet waren, aber zu Bauten abgetragen werden mußten, aufzudecken; die ausführliche Beschreibung findet sich in den Jahrb. XXVI, 1861, S. 115 flgb. Eine ähnliche Steinkiste mit 2 Decksteinen ward zu Moltzow aufgedeckt; vgl. Jahresbericht VI, S. 133. Ueber frühere Aufdeckungen vgl. Frid. Franc. Erl., S. 24.

Es giebt aber auch noch eine andere Classe von „Hünengräbern" der Steinzeit, welche auch wohl „Riesenbetten" genannt werden und welche ich hier Hügelgräber der Steinzeit nennen will. Diese Gräber gleichen in Hinsicht der Steinbauten den so eben behandelten Steinkisten ganz, indem sie auch die beschriebenen Steinkammern, gewöhnlich mit vier Decksteinen haben. Aber es ist um die Steinkammern bis gegen die Höhe der Decksteine ein Erdhügel aufgeworfen, welcher sich, bei nicht großer Breite, in sehr großer Länge erstreckt und am Rande, wahrscheinlich nur zum Schutze, von großen Granitpfeilern begrenzt ist. In diesen Erdhügeln finden sich auch außerhalb der Steinkisten Begräbnisse. Diese Gräber sind sehr mächtige Werke und machen einen überwältigenden Eindruck. Eines der bedeutendsten Gräber dieser Art ist das auf der folgenden Seite in Ansicht und Durchschnitten abgebildete Hünengrab von Naschendorf bei Grevesmühlen. Die Steinkiste mit 4 Decksteinen, jeder von 9 bis 10 Fuß Länge, steht an einem Ende in dem Erdhügel. Der lang gestreckte Erdhügel, ungefähr 5 bis 6 Fuß hoch, ist 150 Fuß lang und 36 Fuß breit. An dem Rande dieses Erdhügels umher stehen 50 Granitpfeiler von 5 Fuß Dicke, welche 9 Fuß lang sind und 6 Fuß über der Erde hervorragen. Vgl. Frid.

Franc. Tab. XXXVI, Fig. II, und Erläut. S. 164. Gleich
große Gräber stehen zu Friedrichsruhe bei Crivitz (vgl. Jahrb.
XXIV, S. 259) und sonst in Lande. Diese Hügelgräber sind
gewöhnlich besser erhalten, als die Steinkisten, weil sie für
Schatzgräbereien zu mächtig sind und Ehrfurcht einflößen, obgleich die großen, schönen Steine zu Pracht- und Wegebauten
sehr begehrt sind. An diesen Gräbern wird nie eine Spur
von rechtwinklig angesetzten Seitengängen bemerkt, welche sich
häufig in Skandinavien, auch halb zerstört in Meklenburg,
finden (vgl. Nilsson Skandinaviska Nordens Ur-Invanare,
Theil I). Diese langen „Riesenbetten" bilden also nie Halb-
kreuzgräber oder Ganggräber, wie Nilsson sie nennt. Diese
Seitengänge finden sich wohl nur an den ältesten Gräbern.

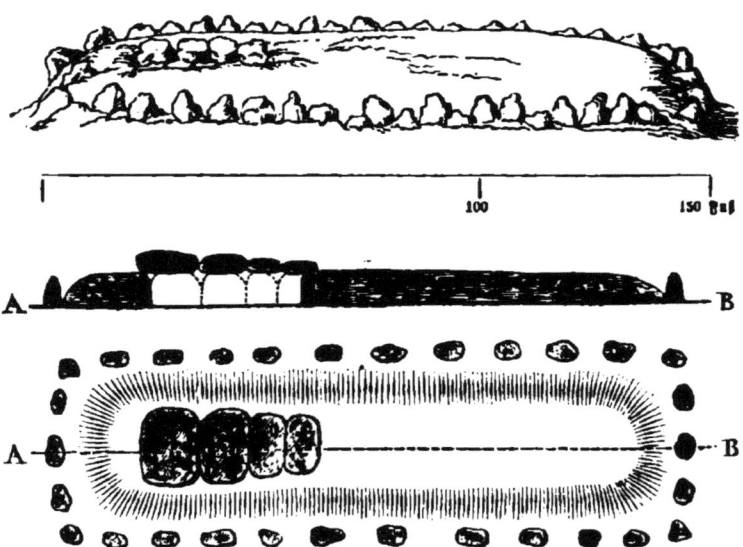

Diese Hügelgräber enthalten in ihren Steinkisten dieselben Gegenstände, welche in den oben beschriebenen Steinkisten
gefunden werden, und gehören ebenfalls der Steinperiode
an. Jedoch halte ich sie für etwas jünger, als die Steinkisten;
ich kann hiefür freilich keinen andern Grund anführen, als daß
diese Grabbauten selbst und die in ihnen gefundenen Geräthe
mehr ausgebildet erscheinen und besser erhalten sind.

Der Verein hat das Glück gehabt, mehrere solcher Hünengräber von ungewöhnlicher Größe aus dringender Veranlassung
aufzudecken oder deren Aufdeckung zu beobachten:

1) Grab von Priesch enborf bei Daffow, Jahresbericht II, 1837, S. 25 flgb., sehr regelmäßig aufgedeckt.

2) Grab von Moltzow bei Malchin, Jahresbericht VI, 1841. S. 134 flgb., sehr sorgfältig aufgedeckt.

3) Gräber von Stuer bei Plau, Jahrb. XIII, 1848, S. 357 flgb., und XVIII, S. 234 sorgfältig aufgegraben.

4) Grab von Mestlin bei Dobbertin, Jahrb. XXVII, 1862, S. 165 flgb.

Ueber frühere Aufbeckungen vgl. Frid. Franc. Erl. S. 72 flgb.

Alle diese Gräber, und viele andere schon mehr beschädigte, haben keine Spur von Metall enthalten, sondern nur Geräthe aus Stein und gehören ohne allen Zweifel der Steinperiode an, mag man nun diese lang gestreckten Hügelgräber der Steinperiode für jünger halten, als die frei stehenden Steinkisten, ober für gleichzeitig mit diesen.

Für den Pfahlbau von Wismar werden diese lang gestreckten Hünengräber aber dadurch ungemein wichtig, daß der Pfahlbau von Wismar Geräthe enthält, welche, wie sich weiter unten ergeben wird, mit den Geräthen dieser Hügelgräber der Steinzeit vollkommen übereinstimmen und daher mit diesen in dieselbe Zeit fallen müssen, indem sich solche Geräthe sonst nirgends weiter finden. In den Gräbern der Steinperiode werden also dieselben Menschen begraben worden sein, welche die Pfahlbauten bewohnt haben. Daher können sich die Alterthümer der mecklenburgischen Pfahlbauten der Vergleichung mit den Alterthümern der mecklenburgischen Hünengräber nicht entziehen.

---

3. Lage des Pfahlbaues von Wismar.

Mit einer Karte, Tafel I.

Von der Stadt Wismar, welche an einem weiten, halbsalzigen Meerbusen der Ostsee liegt, erstreckt sich in gleicher Höhe mit den nächsten Umgebungen der Stadt, umgeben von höher liegendem Ackerlande, von der halbsalzigen Binnensee nur durch einen nicht breiten Streifen Ackerlandes getrennt, gegen Norden hin in das feste Land hinein eine weite Niederung bis zu dem der Wismarschen Stadt-Kämmerei gehörenden Erbpachtgute Müggenburg, links am Wege von Wismar nach Rostock. Der größere Theil dieser Niederung ist jetzt festes Wiesenland und wird zur Viehweide benutzt. Innerhalb dieses Wiesenlandes liegen jedoch mehrere weite Räume ur= sprünglich festen Landes, welche als Ackerland benutzt werden; die bedeutendsten von diesen trugen nach einer alten Karte[1]) früher die jetzt verschwundenen Namen Kagenmark, Dor= steen und Swanzenbusch[2]). Das Ackerstück Dorsteen bildete mit den umgebenden Wiesen in dem ersten Jahrhundert der Stadt Wismar das Feld eines Lehnhofes, welcher damals der Familie von Lewetzow auf dem nicht weit von Wismar liegenden Hauptgute Lewetzow, mit dem Gatter im Schilde, eigenthümlich gehörte. Erst im J. 1277 kaufte die Stadt Wismar von der Familie von Lewetzow den Hof Dorsteen ("curiam dictam Dorsten") mit dem Moor ("cum palude, que vulgo moor nuncupatur,") zum Eigenthum und zu Stadtrecht ("wicbeledesrecht")[3]). Von den Wiesen, welche um das Dorsteen=Feld liegen, und welche im J. 1277 das "Moor" genannt wurden, hießen nach der alten Karte noch im Anfange des vorigen Jahrhunderts die südliche nach Kagen= mark hin das "große Moor", die nördliche nach Müggenburg hin das "Lattmoor". Dieses früher so genannte "Latt= moor"[4]) zwischen dem Dorsteen, dem Swanzenbusch und Müggenburg ist der Raum in welchem die Pfahlbauten[5]) entdeckt sind, ungefähr 250 □Ruthen (à 15 Fuß) groß.

Die Pfahlbauten liegen zunächst dem Landgute Müggen= burg (Mückenburg) an der Wismarschen "Landwehr", unge=

---

[1]) Die alte Karte, welche noch alle alten Namen enthält, stammt spätestens auf dem Anfange des vorigen Jahrhunderts und ist im Besitze des Herrn Dr. Crull zu Wismar. Sie ist zu der hier beigegebenen Karte, namentlich für die Namen, zu Hülfe genommen und hat diese wesentlich aufklären helfen.

[2]) Andere feste Ackerstücke an der Wiesenfläche sind: südlich das "Haff= feld", der Hauptstock des ehemaligen Dorfes Vinekendorf, daneben "auf dem Tornei", — nördlich das "Baumfeld" und "Müg= genburg", in denen die Dörfer Ricquersdorf und Cismers= dorf untergegangen sind, — östlich die "Hufe".

[3]) Am 19. März 1277 verlieh die Fürstin Anastasia, als Landesregentin, der Stadt Wismar das Eigenthum des Hofes Dorsten, welchen die Stadt von den Brüdern Günther und Heyne von Lewetzow, Rittern, gekauft hatte; vgl. Lisch, Urkunden des Geschl. Maltzan I, S. 46; Schröder, Pap. Mekl. 1, S. 1028 (vgl. 1025).

[4]) Das "Lattmoor" wird jetzt auch das "Lappemoor" genannt. Schröder, P. M., S. 1024, hat irrthümlich "Kappemoor".

[5]) Die Lage und Gestalt der bisher aufgefundenen Pfahlbauten im "Lattmoor" ist auf der Karte durch die Zeichen ● und ■ bezeichnet.

Pfahlbau von Wismar. _ Lage.

Taf. I.

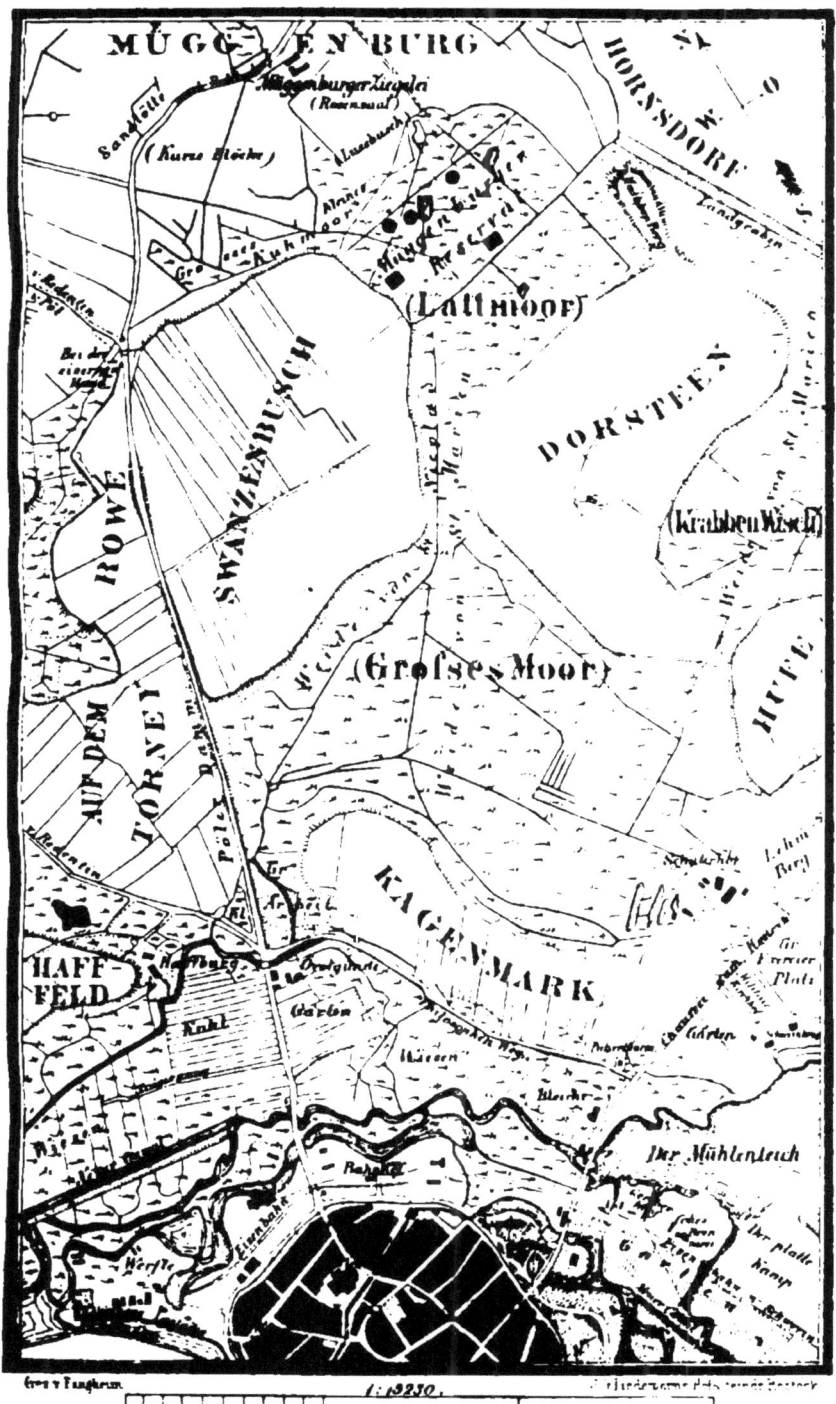

fähr ½ geogr. Meile nördlich von der Stadt Wismar entfernt. Müggenburg ist ein der Stadt Wismar gehörendes
Erbpachtgut, welches erst im 18. Jahrhundert aufgebauet sein
wird. Der Name für diese „Burg", d. h. den Durchgang
durch die Landwehr (Umwallung der Stadtfeldmark), wird erst
in der Mitte des 17. Jahrhunderts entstanden sein. Zunächst
den Pfahlbauten liegt auf Lehmboden die Müggenburger
Ziegelei, deren Abhänge bis zum Moor früher „Rosen-
saal" und „Lusebusch" (Läusebusch) genannt wurden (auf
der beigegebenen Karte oben im Norden). Der Boden von
Müggenburg ist eben und liegt gegen das Moor nicht sehr
hoch; die Entwässerung des eingeschlossenen „Lattmoores" ist
sehr schwierig.

Alle Wiesen der Niederung werden von der Stadt zur
Weide benutzt, so weit nicht Torf in ihnen gestochen wird.
Für das Erbpachtgut Müggenburg war aber im „Lattmoor"
der auf der Karte abgegrenzt bezeichnete Raum zur Torfgewinnung „reservirt", welcher das „Müggenburger Re-
servat" genannt wird. Dieses wird seit mehreren Jahren zur
Torfgewinnung ausgebeutet, und dabei sind die Pfahlbauten
entdeckt. Möglich und wahrscheinlich ist es, daß in den letzt-
vergangenen Jahren schon viele Pfahlwohnungen aus Unkenntniß
zerstört sind.

Die im J. 1864 entdeckten Pfahlbauten liegen in dem
Torfmoor nicht sehr weit von dem festen Ackerlande entfernt.

Die in der Niederung liegenden Ackerstücke, welche auf
der Oberfläche freilich eben sind, fallen meistens mit ziemlich
steil abfallendem Rande in die Niederung ab.

Betrachte ich die jetzige Lage dieser lang gestreckten Niederung, so ist mir die große Aehnlichkeit derselben mit
den Wiesen- und Moorniederungen von Münchenbuchsee
(bei Hofwyl) und Robenhausen oder Pfäffikon in der deutschen
Schweiz mit ihren berühmten Pfahlbauten, welche ich im
September 1864 besucht habe, höchst auffallend gewesen. Der
einzige Unterschied besteht darin, daß an beiden Orten noch
etwas See übrig geblieben ist, während die Gewässer bei
Wismar ganz zum festen Wiesenlande geworden sind. Selbst
die nächsten landschaftlichen Umgebungen der beiden Schweizer
Moore müssen den Meklenburger als bekannte anheimeln.

Zur Zeit der Pfahlbauten wird die ganze Niederung ein völlig verschiedenes Ansehen gehabt haben. Alle
Wiesenniederungen bildeten ohne Zweifel einen klaren, großen
Süßwasser-See, dessen Spiegel damals bedeutend niedriger
war, und aus diesem See ragten die sicher mit Wald be-

wachſenen Flächen als Inſeln hervor, welche jetzt (mit den Namen Ragenmark, Haffeld, Tornei, Swanzenbuſch, Dorſteen und Huſe) unter dem Ackerpfluge liegen. Vorzüglich angenehm und ſchön wird das ehemalige Pfahlbaudorf gleichſam in einem geſchützten Hafen (Lattmoor), nahe umgeben von den bewaldeten Inſeln (Dorſteen und Swanzenbuſch) und dem feſten Lande, gelegen haben, mit einer engen Waſſereinfahrt zwiſchen den beiden großen Inſeln.

Dieſe Andeutungen über die äußere Lage werden die Be- obachtungen über die innern Lagerungsverhältniſſe bedeutend aufzuhellen im Stande ſein.

---

4. Lagerungsverhältniſſe des Pfahlbaues von Wismar.

Mit einer Durchſchnittszeichnung, Tafel II.

Die Lagerungsverhältniſſe der Wismarſchen Pfahlbauten bieten ganz außerordentliche Erſcheinungen dar, welche wohl geeignet ſind, dem Gange der noch jetzt wirkſamen Natur- bildungen nachzuſpüren. Die ganze Wieſenniederung bildet jetzt ein tiefes, feſtes Moor, welches im Ganzen ungefähr 16 Fuß tief iſt; wenigſtens iſt das „Lattmoor“, in welchem die Pfahlbauten gefunden ſind, bis auf die äußerſte Tiefe genau beobachtet.

Die oberſte Schicht dieſes Moores bildet eine ſtarke Lage von ächtem, gewachſenem, braunem Torf (sphagnum), welcher gegenwärtig gegraben wird.

Dieſe obere Torfſchicht ruhet aber auf einer viel ſtärkern Schicht von torfähnlichem Moder, welcher bei der Torf- grabung gefunden und mit ausgebeutet ward, um die dadurch gewonnene derbere Maſſe, wenn ſie auch kein eigentlicher Torf war, mit dem etwas leichten Torf zu verarbeiten. Dieſes untere, ſchwarze Moderlager hat vor Jahrtauſenden ohne Zweifel einen Süßwaſſer- oder Landſee gebildet, deſſen Spiegel viel tiefer lag, als die jetzige Oberfläche des genannten Moores.

Eine genaue Schilderung der Erfahrungen bei der Auf- grabung und der jetzigen Lagerungsverhältniſſe wird werthvolle Aufschlüsse über die Umwandlung der Niederung aus einem See in die heutige Moorwiese geben und dereinst vielleicht ungefähre Schlüsse auf das Alter der Pfahlbauten und die Füllung des Seebeckens gestatten.

Es wird am besten sein, nachdem hier vorweg angenommen ist, daß die Niederung früher einen See bildete, mit der Schilderung der Lagerungsverhältnisse von unten anzufangen. Der ehemalige·See, in welchem die Pfahlbauten standen, ist ungefähr 10 Fuß tief gewesen; die Tiefe hat in einiger Entfernung von dem ehemaligen Ufer zwischen 9, 10 und 11 Fuß geschwankt. Der Boden dieses ehemaligen Sees ist ein bläulich-hellgrauer, etwas kalkhaltiger Thon („Schinbel"), welcher in Säuren im Anfange leicht und wenig aufbrauset und im Wasser umgerührt weißlich erscheint. Nahe unter dem Schinbel lagert Kießsand. In und auf dem Schinbel liegen viele kleine Süßwasser-Muscheln und Schneckenschalen. Die Müggenburger Ufer des festen Landes bestehen aus Thon, wie die Ziegelei beweiset, welche nahe am Moor angelegt werden konnte. In dieser Tiefe stehen die Pfähle, welche, so weit sie in dem Mober stehen, ebenfalls ungefähr 10 Fuß Länge haben, gegen 2 Fuß tief in den Schinbelgrund des ehemaligen Sees eingetrieben sind und nur wenig über den ehemaligen Spiegel des Sees hervorragen. Die Pfähle sind oben angebrannt und bis dicht über den ehemaligen Wasserspiegel abgebrannt oder zur Kohle durchbrannt. Man kann genau sehen, wie weit die Pfähle nach oben im Wasser gestanden haben, indem sie nach dem Herausheben gerade so weit zusammengetrocknet und im Durchmesser verkleinert sind, so weit sie aber aus dem Wasser hervorgeragt haben, stark verkohlt sind, und daher nicht haben zusammentrocknen können. Innerhalb dieser Pfahlfundamente und außerhalb neben denselben liegen auf dem ehemaligen Seegrunde die vielen Alterthümer, welche einst den Hausrath der Bewohner der Pfahlhäuser gebildet haben. Dieses alte Seebecken ist nun ganz mit dunklem, schwarzem Mober fest gefüllt. Wenn der Mober getrocknet wird, so spaltet er horizontal in dünne Blättchen; es scheint also in den Hauptbestandtheilen Pflanzenmober zu sein, welcher aus hinein geweheten Blättern von Waldbäumen und verwesten Wasserpflanzen, aber auch aus verwesten Wasserthieren entstanden ist. Es gehört gewiß eine sehr lange Reihe von Jahrhunderten dazu, ehe diese Füllung möglich und so sehr früh wirklich ward. — Ganz ähnlich lag der Pfahlbau von Gägelow, welcher früher ebenfalls in einem kleinen Landsee gestanden hatte; auch dieser war fast eben so tief, wie der Wismarsche, mit demselben festen, schwarzen Moder gefüllt, nach dessen Befestigung eine feste Erdschicht von Thon und Sand von fast 2 Fuß Dicke darüber geweht und geschwemmt war, welche das Vorhandensein des Sees dem Auge gänzlich entrückt hatte.

Ueber diesem mächtigen Moderlager des Wismarschen Pfahlbaues lag eine ungefähr 1 Fuß dicke Schicht von Dammerde, welche einst die Oberfläche des zugewachsenen Sees gebildet und denselben und die Pfahlbauten auf lange Zeiten mit Vergessenheit bedeckt hatte. In dieser leichten, aber festen Erdschicht, bis zu welcher und in welche die angebrannten Pfahlköpfe reichen, ist nichts weiter gefunden und beobachtet worden.

Aber hiemit hat die Bildung dieses merkwürdigen Seebeckens noch nicht ihre Endschaft erreicht. Die Oberfläche des mit Moder zugewachsenen Sees war in sehr alten Zeiten ohne Zweifel wenn endlich auch fest, doch noch sehr feucht, namentlich da es an Abfluß und durch die Versumpfung an Verdunstung fehlte, und so siedelte sich hier über der Moderschicht die Torfpflanze (sphagnum) an, die in die Höhe wuchs und ein Torflager von ungefähr 5 Fuß Mächtigkeit bildete, welches an der Oberfläche endlich ganz festes Weide- und Wiesenland ward. Vor mehreren Jahrhunderten hat dieses obere Torfmoor eine Holzung von weichen Holzarten, wie Erlen und Weiden, ein „Erlenbruch", getragen; denn es werden starke und noch feste Baumwurzeln von ganz hellbraunem oder dunkelgelbem Ansehen in sehr großer Menge ausgegraben und noch als Brennholz benutzt. Jetzt ist die Oberfläche fest und eben und mit Gras bewachsen, hat früher den Wald getragen und trägt nun das Vieh zur Weide. Diese obere Torfschicht wird im christlichen Mittelalter, ungefähr vor 600 Jahren, noch nicht überall ganz fest gewesen sein, denn es finden sich in derselben oft Thierknochen von heller Farbe und Alterthümer von offenbar jüngerem Ursprunge. So wurden z. B. viele Knochen von einem ohne Zweifel im Mittelalter hier versunkenen Pferde gefunden und daneben 3 eiserne Hufeisen und ein großer, runder eiserner Schwertknopf, wohl aus dem 13. Jahrhundert, vielleicht von den v. Lewetzow auf Dorsteen stammend. Sicher ist es, daß in dieser obern Torfschicht nie Alterthümer aus der heidnischen Vorzeit gefunden werden. Sehr merkwürdig ist es, daß durch das Emporwachsen des Torfes die Fläche der ehemaligen Niederung um 5 bis 6 Fuß erhöhet ist, da sich die angebrannten Pfahlköpfe von den Pfahlbauten immer 5 Fuß tief unter der jetzigen Oberfläche, nämlich

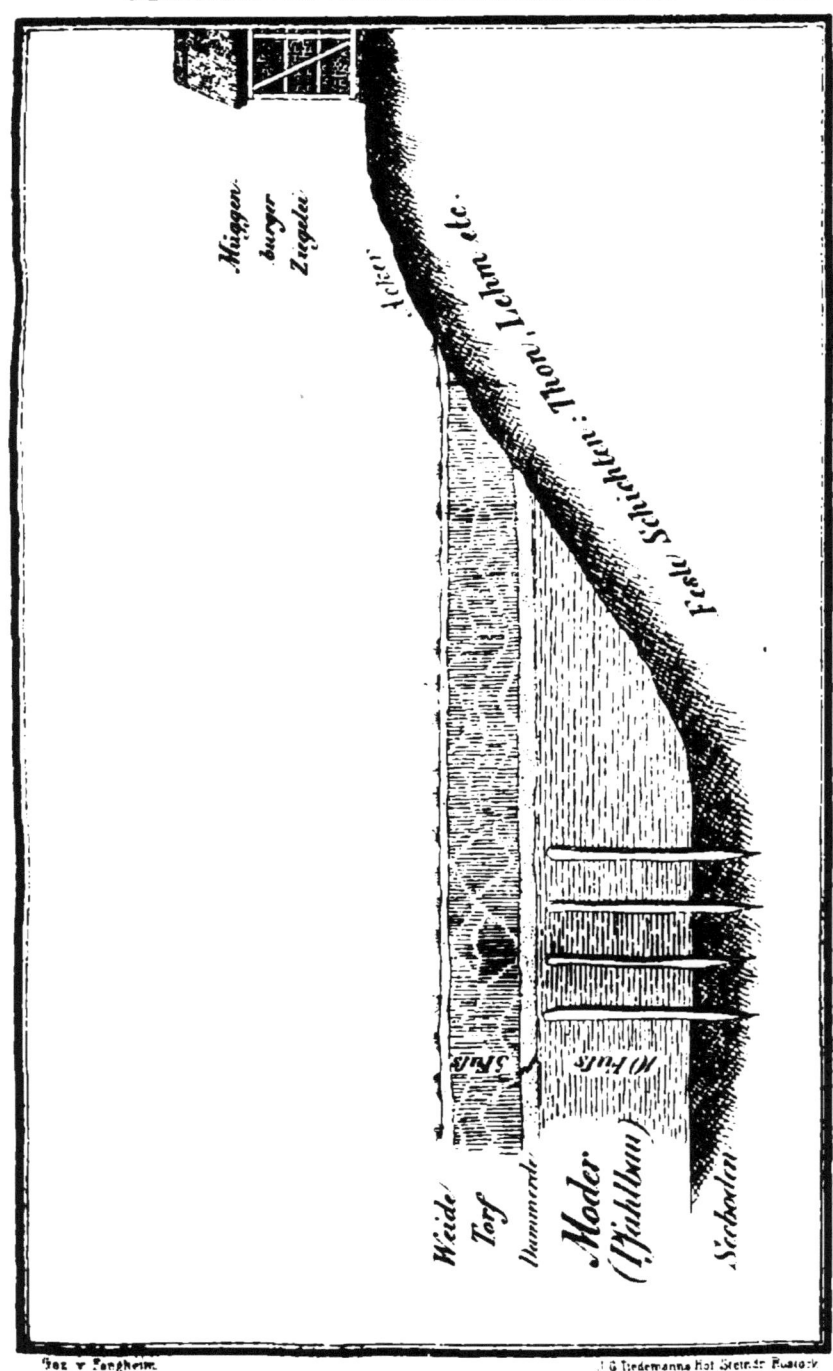

dicht über dem Spiegel des ehemaligen Sees finden. — Durch die Zwischenschicht Dammerde, welche schon früh fest geworden sein muß, sind auch keine Alterthümer der neueren Zeiten hindurchgesunken, mit Ausnahme einiger größerer Steine.

Betrachtet man nun die große Mächtigkeit der Füllung der Niederung, so muß man auf ein sehr hohes Alter der Pfahlbauten schließen. Es liegt auf dem ehemaligen festen Seeboden eine Schicht von 16 Fuß Dicke, von welcher unten in der Pfahlbauregion 10 Fuß Mober bilden; dieser wird von einer Schicht Dammerde von 1 Fuß Dicke bedeckt; und hierauf ist eine Torfschicht von 5 Fuß Dicke gewachsen, welche ganz oben mit einer festen Rasendecke belegt ist. Die Tiefe, in welcher sich schwere Alterthümer in Torfmooren finden, oder vielmehr die Dicke der Torfschicht, welche über Alterthümern lagert, kann nie einen Maaßstab für das Alter der Alterthümer abgeben; denn diese sind alle ohne Zweifel hineingefallen, als die Moore noch weich oder flüssig waren, und sind durch ihre Schwere immer bis auf den festen Grund hinabgesunken. Man wird daher Alterthümer in Torfmooren immer nur unten auf dem festen Grunde finden; die Mächtigkeit und Festigkeit der darüber liegenden Torfschicht hängt aber rein von örtlichen und zufälligen Umständen ab. Einen sicherern Maaßstab giebt aber die Moberschicht, welche die heidnischen Alterthümer bedeckt. Freilich ist auch diese einst flüssig gewesen und die Alterthümer sind auch hier bis auf den festen Grund hinabgefallen; aber es gehört eine sehr lange Zeit dazu, bis sich ein tiefes und großes Gewässer mit Mober füllt und dieser so fest wird, daß er wieder ein Torfmoor tragen kann.

Daher kann man nur annehmen, daß viele Jahrhunderte verflossen sind, seitdem der Pfahlbau von Wismar untergegangen ist. Zur nähern Bestimmung der Zeit werden die Lagerungsverhältnisse des Wismarschen Pfahlbaues einmal einen wichtigen Beitrag liefern.

Die meisten Pfahlbauten der Schweiz finden sich in den bekannten großen Seen an Uferstellen, welche für Pfahlbauten nicht zu tief sind. Die Bewegung der großen Wassermassen dieser Seen hat aber in der Regel Mober- und Torfbildungen verhindert, und daher sind hier die Ueberreste der Pfahlbauten gewöhnlich nur mit einer nicht sehr starken Schicht von Uferschlamm bedeckt. Es giebt aber in der Schweiz auch Pfahlbauten in Torfmooren, welche ehemals Seen waren. Namentlich ist in dieser Hinsicht der große Pfahlbau von Robenhausen bemerkenswerth, der in einem weiten Torfmoore steht, welches einst einen flachen Theil des Pfäffikersees gebildet hat.

2*

Dieser Pfahlbau, den ich persönlich untersucht habe, steht in einem Torfmoor (Riet), welches bis zum festen Untergrunde nur 6 Fuß tief ist; die jetzige Oberfläche des Moores ist daher ungefähr die Oberfläche des ehemaligen Sees. Die Lagerungs-verhältnisse sind hier also nicht so bedeutend, wie bei Wismar[1]). Man findet zu Robenhausen die Pfähle, welche freilich sehr morsch, aber noch weißlich sind, sehr bald unter der Oberfläche, und die Alterthümer sind auch nicht sehr schwer zu erlangen, da auf dem Untergrunde des Moores noch viel klares Wasser steht. Eben so stehen die schweizerischen Pfahlbauten von Wauwyl und von Moosseedorf-See, von denen ich den letztern ebenfalls in Augenschein genommen habe, in Torfmooren, ob-gleich, wie am Pfäffiker-See, noch Reste von den ehemaligen Seen vorhanden sind. Die Ausdehnung und Gestaltung der schweizerischen Moore und Pfahlbauten ist aber der Bildung bei Wismar außerordentlich ähnlich.

---

5. Die Pfahlhäuser.

Die Pfahlhäuser stehen, ungefähr 260 Schritte von der Müggenburger Ziegelei entfernt, in der untern schwarzen Moder-schicht, ungefähr 30 Schritte von dem nächsten festen Lehm-boden entfernt. Es sind bis jetzt fünf Pfahlhäuser beob-achtet, wie sie auf der Karte angedeutet sind, von denen jedoch ein Theil noch nicht ganz aufgegraben, ein anderer Theil schon

---

[1]) Nach meiner Zusammenkunft mit Herrn Messikomer im Pfahlbau von Robenhausen im Sept. 1864 schreibt mir aber dieser am 7. Nov. 1864: „Ich bin vollkommen überzeugt, daß auf einem Theile der „Niederlassung drei Pfahlbauten über einander stehen, was ich durch „das Profil unwiderlegbar beweisen kann. Die erste und haupt-„sächlichste Fundschicht lag hier 10 bis 11 Fuß unter der Oberfläche.“ Man wird also in dem Moor von Robenhausen in Hinsicht auf die Tiefe der ältesten Pfahlbauten vielleicht zu derselben Erkenntniß ge-langen, wie sie die Pfahlbauten von Wismar geliefert haben. — Am 7 Januar 1865 sandte mir Herr Messikomer ein gedrucktes „Profil der Pfahlbaute Robenhausen“. Nach demselben liegen unter der bis-her bekannt gewesenen, obern Niederlassung noch 2 ältere Nieder-lassungen über einander. Die Pfähle der obersten Fundschicht stehen in dem Moder der beiden untersten Fundschichten, deren Pfähle im alten Seeboden stehen. Die beiden untersten Schichten mußten also fest geworden sein, bevor in der obersten Schicht ein Pfahlbau er-richtet werden konnte. — Dies ist die neueste Entdeckung bis zum Druck dieser Zeilen im Februar 1865.

vor der Entdeckung zerstört worden ist. Drei von diesen
Häusern waren rund[1]), zwei waren viereckig. Herr Büsch
hat dies oft genug beobachtet, und ich selbst habe in einem
günstigen Augenblicke mit Herrn Büsch und mehrern Torf-
arbeitern deutlich gesehen, daß die durch das Torfstechen in der
Mitte abgebrochenen Pfähle im Kreise standen.
Die runden Häuser hatten einen Durchmesser von
ungefähr 14 bis 18 Fuß. Die Pfähle standen ungefähr
immer 2 Fuß weit von einander entfernt. Sie waren ungefähr
¾ Fuß (6 bis 7 Zoll) dick, standen in dem Schindelgrunde
ungefähr 2 Fuß tief eingetrieben, hatten im Seewasser eine
Länge von ungefähr 10 Fuß gehabt und waren am Kopfende
angebrannt und stark verkohlt. Die dem festen Lande zuge-
kehrten Pfähle waren immer etwas dicker im Holze und dichter
gestellt. Die runden Wohnungen lagen ungefähr 6 bis 8
Schritte auseinander. Von einer Wohnung ließ sich ein Weg
nach dem festen Lande hin verfolgen, indem hier 7 bis 8 große
Granitsteine in grober Linie lagen. Die runden Häuser werden
auch unter sich seitwärts in Verbindung gestanden haben; denn
zwischen den einzelnen Häusern lagen der Länge nach dünnere
Pfähle oder Balken, welche vielleicht auch von einem Roste
herrühren können, und Granitsteine. Auch innerhalb der Pfahlrundungen wurden horizontal liegende Balken beobachtet. Es
ist außerordentlich viel altes Pfahlholz ans Licht gebracht, so
daß man auf weite Anlagen um die Häuser schließen muß.
Es ist in der Schweiz die Beobachtung gemacht, daß die
Häuser im Innern mit einem Estrich oder sogenannten
„Lehmschlag", welcher aus Sand, Thon und Kies bestand, wie
eine Tenne, auf dem Fußboden ausgelegt waren. Dieser
Fußboden sank beim Brande der Häuser gewöhnlich in festem
Zusammenhange in die Tiefe, wenn die Pfähle seitwärts aus-
wichen; ich selbst habe in dem Pfahlbau von Robenhausen
diesen Estrich, welcher viele Reste des gewöhnlichen Lebens
enthält, genau beobachten können. Die alten Pfahlbauern
werden die noch jetzt herrschende Sitte geübt und der Reinlich-
keit wegen den Fußboden mit Sand bestreut und damit manchen
kleinen Knochen und manche Fischschuppe mit Sand bedeckt

---

[1]) Daß die Häuser der heidnischen Vorzeit rund waren, beweisen die
noch in der Bronzezeit nicht selten vorkommenden Nachbildungen
des runden Hauses des Verstorbenen zur Aufnahme seiner zerbrannten
Gebeine, die sogenannten Hausurnen; vgl. Jahrb, XXI, 1856, S.
243 flgb. — Ja, in Italien ist ein ganzer Pfahlbauhof der Bronzezeit in Nachbildung gefunden; vgl. Lindenschmit Alterthümer der
heidnischen Vorzeit, Band I, Heft 10, 1862, Tafel 3, Nr. 3.

haben. Dies ward auch in meiner Anwesenheit in Wismar beobachtet, indem die Arbeiter die innere Rundung eines Pfahl-hauses etwas von Wasser befreiten und den Grund aufrühr-ten, und dabei sagten, daß dieser ganze innere Raum des Hauses mit „Stubensand bestreut" sei.

Ich habe Gelegenheit gehabt, einen kleinen Blick in die innere Wirthschaft eines Pfahlhauses zu thun. Am 11. August 1864 ward mir von Wismar ein so eben gefundenes, am Hornansatze weit geöffnetes Stierhorn gesandt, welches noch ganz mit nassem, schmierigen, schwarzen Moder gefüllt war. Bei genauer Untersuchung auch der kleinsten Theile fand ich in diesem Moder viele kleine Enden von abgebrochenem, dünnem Besenreis, etwa $\frac{1}{4}$ bis $\frac{1}{2}$ Zoll lang, mit der Rinde noch wohl erhalten, und kleine Stücke Holzrinde von einem Baumaste, anscheinend Buchenrinde, $\frac{3}{4}$ Zoll lang und $\frac{1}{4}$ Zoll breit, welche noch ganz fest und elastisch waren und in dem Horne nicht gewachsen sein konnten. Dies war also Küchen-unrath, welcher nach und nach bei großen Massen, vielleicht beim Thierschlachten, in das Horn hineingeschlämmt war.

Das Holz der Pfähle war durch und durch ganz schwarz und von dem Moder schwer zu unterscheiden, und ist wohl viel mit zu Torf verarbeitet. Es war bei der Aufdeckung immer so weich, wie der Moder, und zerbrach bei der gering-sten Berührung. Es ist jedoch gelungen, viel Holz vollständig zu trocknen. Es ist zwar sehr zusammengetrocknet und zum Theil gerissen und gedrehet, aber doch so fest geworden, daß es gespalten, gesägt, gehobelt und sogar schön polirt werden kann.

Da es von Wichtigkeit ist, die Art des Holzes kennen zu lernen, so hatte der kundige Herr Forstmeister Schröder zu Dargun die Güte, die einzelnen Pfähle alle anzuarbeiten und genau zu untersuchen und zu bestimmen, und hat folgendes Urtheil abgegeben.

Das Holz der Pfähle ist mit einzelnen Ausnahmen durchweg Eichenholz. Es ist jetzt, nachdem es getrocknet ist, durch und durch ganz schwarz und sehr hart und fest, und läßt sich sehr gut sägen und hobeln und vortrefflich poliren. Der Herr Forstmeister Schröder welcher 30 Bruchstücke von ver-schiedenen Pfählen untersucht hat, erklärt, daß von diesen 30 Pfählen 25 der sogenannten Sommereiche (Quercus pe-dunculata) und 4 der sogenannten Wintereiche (Quercus robur) angehören; nur 1 dicker Stamm ist sehr wahrschein-lich Ulmenholz. Das Kiefernholz, außer dem Eichen- und Ulmenholz, wohl das einzige, welches für Pfahlbauten Dauer-haftigkeit genug hat, wird in der Nähe dieser Pfahlbauten nicht gewachsen sein. „Aufgefallen ist dem Herrn Forstmeister „Schröder die durchweg enge Lage der Jahresringe und „die Drehung des Holzes bei allen größern Stücken, wo es „sich erkennen läßt. Dies scheint auf ungünstige Wachs= „thumsverhältnisse hinzudeuten, welche wohl im Klima „gesucht werden müssen". Etwas läßt sich hiebei wohl auf Rechnung der starken Eintrocknung schieben. Bei der Vergleichung ergab sich, daß das Ulmenholz sich eben so fest gehalten hatte, wie das Eichenholz, und daß es weniger gerissen und gedreht war, als dieses, auch eine bräunliche Farbe behalten, sich überhaupt ausgezeichnet schön erhalten hatte.

6. Geräthe aus Stein[1]).

Keile.

Keile. Das am häufigsten vorkommende Geräth der Steinperiode, sowohl in Gräbern, als auch in einzelnen verlorenen Stücken auf den Feldern, und in großer Menge in den Pfahlbauten, ist der Keil aus Stein. Die Steinkeile werden in den Pfahlbauten der Schweiz in zahllosen Exemplaren gefunden, in noch größerer Anzahl, als in den Ostseeländern auf freiem Felde. Die Keile sind nach meiner Ansicht in der Steinperiode zu den verschiedenartigsten Arbeiten benutzt worden. Man gebrauchte sie zur Bearbeitung des Feldes als Hacke, zum Zerhauen des Holzes und des Fleisches und der Knochen als Beil, zu Arbeiten in Holz und Knochen als Meißel, zum Zerschneiden der Felle und Rinden als Messer, zum Schlachten und Erlegen der Thiere als Axt, zur Kriegsführung als Streitaxt und Wurfgeschoß. Zu allen diesen Zwecken ward in der Bronze-Periode auch wohl der Bronzekeil gebraucht, welcher unter verschiedenen Namen: Celt,

---

[1]) Bei diesen Beschreibungen ist das werthvolle Buch von Nilsson: Skandinaviska Nordens Ur-Invanare, I. Th., Lund, 1838—1843, die nordische Steinperiode darstellend, häufig berücksichtigt, wenn auch nicht immer genannt. Die nordische Steinperiode ist zur Vergleichung sehr wichtig, da sie mit der norddeutschen ganz übereinstimmt.

Palstab, Framea, Streitmeißel, aufgeführt wird und wohl weiter nichts ist, als der ausgebildete Steinkeil. Je nach dem Gebrauche war nun Größe und Befestigung der Keile verschieden. In den Pfahlbauten der Schweiz werden außerordentlich viele Keile von geringerer Größe gefunden, welche in starke, ausgehöhlte Stücke von Hirschhorn eingelassen sind, und viele solche Hafte oder Fassungen aus Hirschhorn, in welchen die Keile gesessen haben; man traf diese Vorkehrung, damit der Schlag beim Meißeln nicht den Stein unmittelbar traf und zersprengte. Andere Keile werden auf andere Weise befestigt worden sein, z. B. die Streitbeile queer in einen gespaltenen Schaft oder in eine Keule, die Wurfgeschosse der Länge nach in einen gespaltenen Schaft, die Ackergeräthe auf ein hackenartig gewachsenes Stück Holz (Krummholz, Krümmel) [1]). Die Steinart der Keile ist nach den Steinlagern, welche man in verschiedenen Gegenden findet, sehr verschieden. Im Allgemeinen kann man aber annehmen, daß man solche Steinarten wählte, welche fest und zähe sind und sich leicht schärfen lassen. In der Schweiz bestehen alle Keile, mit geringen Ausnahmen, aus sehr zähen dunkelgrünlichen Gesteinen, aus Hornblendegestein, hartem Serpentin, Diorit und ähnlichen. Die schweizerischen Keile haben eine eigenthümliche Gestalt und Oberfläche; sie sind gewöhnlich an dem der Schneide entgegengesetzten, sogenannten Bahnende spitzig oder rundlich, sind überall geschliffen und an den Kanten abgerundet. Die Keile in den Ostseeländern sind aber vorherrschend aus Feuerstein, der sich hier sehr häufig findet und zu ganz vortrefflichen Geräthen verarbeitet ist. Es finden sich hier auch Keile aus Hornblendegestein [2]), Diorit oder Grünstein, aus welchen Gesteinen hier fast alle durchbohrten Streitäxte gefertigt sind; aber solche Keile finden sich nur äußerst selten, vielleicht nur im Verhältniß von 1 zu 50. Und alle diese Keile aus Diorit, die in den Ostseeländern gefunden werden, sind, wie die schweizerischen, ganz geschliffen, abgerundet und am Bahnende zugespitzt. Vielleicht stammen sie aus der Fremde, durch Er-

---

[1]) Es ist in Mecklenburg erst ein Mal (zu Kabuhn) ein Keil mit einer hackenförmigen Fassung von Holz beobachtet; vgl. Jahrb. XXVI, S. 131. Fassungen von Hirschhorn sind in den mecklenburgischen Pfahlbauten noch nicht gefunden.

[2]) Von der Ostsee nach Süden hin treten die Keile aus Hornblendegestein wohl zuerst am nördlichen Fuße des Harzes auf. Vor einigen Jahren hat der Freiherr Grote-Schauen zu Deersheim bei Osterwiek eine Fabrik von Steingeräthen entdeckt, deren Exemplare und zahlreiche Bruchstücke nur aus Hornblendegestein bestehen.

oberung ober Handel. Dagegen haben alle Feuersteinkeile
ber Ostseeländer, welche mehr flach und scharfkantig sind, einen
viereckigen Abschnitt am Bahnenbe. In der Schweiz
findet man keinen Keil aus Feuerstein, sondern nur kleine Geräthe, wie Messer und sogenannte Sägen, Pfeilspitzen, kleine
Abfallsplitter aus diesem Gestein. Der Feuerstein wird in der
beutschen Schweiz nicht gefunden, sondern ist aus dem Jura-
Gebirge der französischen Schweiz eingeführt. Der Feuerstein
des Jura kommt aber nach allen Aussagen nur in kleinen,
höchstens faustgroßen Knollen vor, welche zu klein sind, um
einen Keil von einiger Größe baraus bilden zu können (vgl.
Keller a. a. O. III, S. VII). Dazu arbeitet es sich in Feuerstein schwieriger, als in andern Gesteinen, und der Feuerstein
ist auch spröber, obwohl er sich wieder schärfer schleifen läßt.
Das Serpentin- oder Hornblendegestein der Schweiz läßt sich
aber leicht bearbeiten. Man hat die Findlingsplatten ange-
sägt, wie die zahlreichen Sägeschnitte an unfertigen und auch
an schon fertigen Keilen in der Schweiz beweisen, und dann
die Platten in diesen Einschnitten, wie Schiefer, auseinander-
geschlagen, um die rohen, keilförmigen Blöcke zu gewinnen,
welche dann auf nicht sehr hartem Sandstein geschliffen
wurden.

Die Verfertigung der Keile aus Feuerstein in
den Ostseeländern forderte aber ein langsameres, schwie-
rigeres Verfahren. Der Feuerstein ist hier sehr häufig und
die Knollen sind oft von bedeutender Größe. Man findet hier,
namentlich in Dänemark, ganz vollkommene Keile aus Feuerstein bis zu 1 Fuß Länge und 4 Pfund Schwere (vgl. Jahrbücher XXVIII, S. 299), so groß wie sie in der Schweiz nicht
gefunden werden (vgl. Keller I, S. 71). Die Verfertigung
der Keile aus Feuerstein geschah also, daß man rund umher
so viele kleine Stücke abschlug[1]), bis man zu der Gestalt
des Keils gelangte. Man setzte dabei ein hartes Geräth aus
Stein oder Holz, eine Art Meißel, auf die Stelle die man
absprengen wollte, und schlug mit einem hölzernen Hammer
auf den Meißel, wodurch das beabsichtigte Stück leicht abge-

---

[1]) Die Geräthe im Norden sind alle nur aus Feuerstein oder Diorit und
Hornblendegestein. Da beide Steinarten sehr hart sind, so wurden
die Formen nur durch Schlagen vorbereitet und die Geräthe dann
zum Theil geschliffen. Die Bearbeitungsweisen waren also Schlagen
und Schleifen, aber nie Sägen, da der Feuerstein wohl der Säge
widerstehen würde. Daher findet man im Norden nie die Sägeschnitte, die in der Schweiz so häufig vorkommen, durch welche die
weichern Serpentinblöcke zu Keilen vorbereitet wurden.

sprengt ward. Man kann bei jedem künstlich abgesprengten Bruchstücke den Ansatz, von wo die Absprengung geschah, sehr klar an einer kleinen muschelförmigen Erhöhung sehen. Zuerst schlug man die größern rundlichen Hervorragungen ab, welche die Feuersteinknollen häufig haben, und gewann dadurch rund umher scharfe, kreisförmige Scheiben, welche zu schneidenden Werkzeugen gebraucht wurden. Solche abgesprengte Feuersteinscheiben sind bisher namentlich auf der Insel Rügen viel gefunden. Dann schlug man die langen Späne ab, welche ungefähr einen Finger lang und breit sind, an einer Seite immer eine breite und an der andern Seite immer drei schmale Flächen und einen trapezförmigen Durchschnitt haben. Sie wurden als Messer gebraucht und finden sich von regelmäßiger Form zuweilen sehr abgenutzt in Gräbern; auf Fabrikstätten werden sie, in vollkommener und unvollkommener Form, oft in unglaublicher Menge neben kleinen Splittern gefunden. In den Pfahlbauten der Schweiz, wo diese Späne auch wohl Sägen genannt werden, bilden sie die größten Feuersteingeräthe und werden oft in wohl erhaltenen, kleinen hölzernen Handhaben, mit Pech eingelassen, gefunden. Wenn nun der Keil die ungefähre Gestalt gewonnen hatte, wurden die beabsichtigten genauen Flächen durch Absplitterung von kleinen, vertieftmuschelförmigen Absprengungen gewonnen. Endlich wurden die Kanten durch Absprengung von ganz kleinen Stückchen gerichtet, wodurch man die Kantenlinien so genau herstellte, daß sämmtliche Flächen und Umrißlinien des Keils vollkommen vorhanden waren. Nachdem so der Keil ganz vollständig hergestellt war, schliff man ihn ganz vollkommen und scharf und glänzend, so daß entweder alle vier Flächen oder auch nur die beiden breiten Flächen geschliffen wurden. Das Bahnende blieb immer ungeschliffen. Die Schleifung geschah immer auf hartem, quarzigem „alten rothen Sandstein" (old red sandstone), welcher sich als Seltenheit in großer Schönheit auf Feldern, in Gräbern und in Pfahlbauten findet.

Nach dem Zweck ihres Gebrauches sind die Keile auch in der Gestalt verschieden. Nach vieljährigen, sorgfältigen Beobachtungen an tausenden von Stücken glaube ich eine Eintheilung der Keile nach ihrer Bestimmung aufstellen zu können, indem ich sie a. Arbeitskeile, b. Streitkeile, c. Meißelkeile nennen will. Diese Arten lassen sich auch nach den Orten ihrer Auffindung ziemlich leicht unterscheiden.

a. In den Ostseeländern werden überall auf den Feldern sehr häufig einzelne Keile aus Feuerstein gefunden; alle Sammlungen sind voll davon und man wird auf dem Lande überall einzelne bei Privatleuten finden; in Dänemark giebt es sehr viele Privatleute, welche solche Keile in großer Anzahl besitzen. Alle diese Keile unterscheiden sich gewöhnlich dadurch von den übrigen, daß sie an den Seiten mehr grade, oder vielmehr parallel, und sehr dick sind, wie die beistehende Abbildung eines Exemplars von mittlerer Größe in der Vorder- und Seitenansicht zeigt. Es ist zu dieser Abbildung ein Exemplar gewählt, welches bis zum letzten Schleifen vorbereitet ist, um zugleich dadurch die Vorbereitung des Steines bis zur Vollendung der Form zeigen. Diese dicken Keile, welche sich zerstreut einzeln auf den Feldern finden, sind ohne Zweifel zur Ackerwirthschaft und zum Holzfällen und Spalten ge-

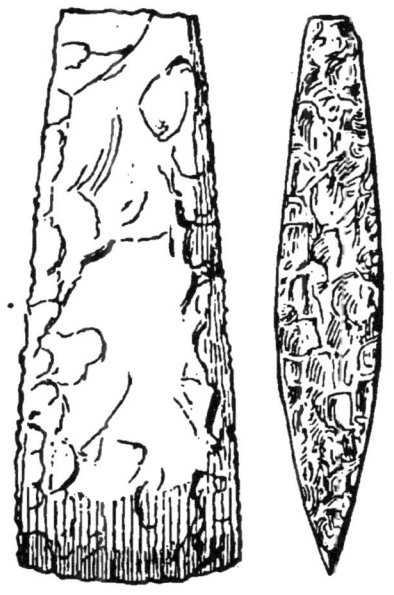

Halbe Größe.

braucht und dabei häufig verloren gegangen. Sie werden auch in den Wohnungen zum Schlachten des Viehes, zum Zerlegen des Fleisches und andern schweren häuslichen Arbeiten angewandt sein und finden sich daher auch zahlreich in den Pfahlbauten. Ich will sie daher Arbeitskeile nennen.

b. Andere Keile, welche oft sorgfältiger im Gestein gewählt und bearbeitet sind, haben eine beilförmige Gestalt; sie werden nach der Schneide hin breiter und sind in der Regel viel dünner als die Arbeitskeile, wie die auf der nächsten Seite stehende Abbildung eines geschliffenen Exemplares von mittlerer Größe in der Vorder- und Seitenansicht zeigt. Sie werden nicht häufig, gewöhnlich aber in den Gräbern der Steinperiode mit langen Hügeln, den Hügelgräbern oder Riesenbetten, gefunden, in denen man seltener dicke Arbeitskeile trifft. Das auf der folgenden Seite abgebildete Exemplar ist in einem Hünengrabe zu Klink bei Waren gefunden (vgl. Jahrb. XIV, S. 309). Aus ihrer Gestalt muß man annehmen, daß sie dazu bestimmt waren,

um in gespaltenen Schaften be=
festigt als Waffe verwandt zu
werden. Aus ihrem Vorkommen
muß man ebenfalls schließen, daß
solche Beile Waffen waren, da
man wohl nicht umhin kann an=
zunehmen, daß so riesige Bauten,
wie die staunenswerthen Riesen=
betten, nur zu Ehren großer Hel=
den und ihrer Familien aufge=
führt wurden. Daher habe ich
sie Streitkeile genannt. Sie
sind aus den Pfahlbauten noch
nicht hervorgeholt.

c. Eine dritte Art sind die
kleinen Keile, welche gewöhn=
lich nur kurz und dünne sind
und nicht viel häufiger als die
Streitkeile, und zwar gewöhn=
lich wohl erhalten gefunden
werden. Sie werden einzeln auf
dem Felde und in Pfahlbau=

Halbe Größe.

ten, auch wohl in kleineren Hügelgräbern der Steinperiode
gefunden. Das hier abgebildete
Exemplar ist auch in einem Hünen=
grabe zu Klink bei Waren gefunden
(vgl. Jahrb. XIII. S. 361). Diese
Keile werden wohl diejenigen sein,
welche in den Pfahlbauten der Schweiz
in hohle Hirschhornstücke gefaßt er=
scheinen und wohl als Meißel zu
allerlei kleinern häuslichen Geschäften
gedient haben. Sie mögen auch wohl
von den Weibern geführt sein. Keile
von dieser Größe, jedoch etwas dicker,

Halbe Größe.

sind oft sehr sorgfältig und regelmäßig hohl geschliffen
(Hohlmeißel); diese werden jedoch selten gefunden. Aus
allen diesen Gründen will ich sie Meißelkeile nennen.

In dem Pfahlbau von Wismar wurden nun alle
Feuersteingeräthe in verhältnißmäßig großer Anzahl gefunden.

Feuersteinknollen, von ziemlich großer Länge, noch
fast ganz roh, von denen erst einige Scheiben abgesprengt sind,
schon bearbeitete, kleinere Feuersteinblöcke, von denen rund
umher Späne abgeschlagen sind, Feuersteinsplitter fanden

sich an einzelnen Stellen in großer Anzahl, ein Beweis, daß die Feuersteingeräthe von den Pfahlbaubewohnern in ihren Hütten gemacht wurden.

Rohe Feuersteinkeile. Es fanden sich 2 Feuer=steinkeile, zwar noch ganz roh und nur durch große muschelige Absprengungen vorbereitet und nirgends geschliffen, aber schon ganz und vollständig in der Keilform zugerichtet. Aus diesen geschlagenen und vorbereiteten Keilen und den Feuersteinknollen sieht man ebenfalls klar, daß die Keile in den Pfahlwohnungen vorbereitet wurden.

Arbeitskeile. Es wurden bis jetzt 14 große und dicke Arbeitskeile aus Feuerstein, ganz vollendet und ge-schliffen, wie die Abbildung S. 27, gefunden. Sehr bezeichnend ist es, daß von diesen die 9 größten und dicksten alle sehr beschädigt sind, vielfach abgesprungene und abgesprengte Stellen und alle die Schneide verloren haben. Dies ist ein sicherer Beweis, daß die großen und dicken Arbeitskeile zu schweren häuslichen Arbeiten gebraucht und dadurch vielfach beschädigt wurden. Unter den schweizerischen Keilen von zähem Gestein finden sich lange nicht so viele beschädigte, als in den mecklenburgischen Pfahlbauten, da der Feuerstein sehr spröde, wenn auch sehr hart ist. Selbst unter den auf den Feldern in großer Menge gefundenen Feuersteinkeilen finden sich ver-hältnißmäßig lange nicht so viele beschädigte, als in den Pfahl-bauten. Auch in dem Pfahlbau von Gägelow waren fast alle Keile stark beschädigt. Dünne, breite Streitkeile sind in den mecklenburgischen Pfahlbauten noch nicht entdeckt. Dagegen sind alle in Mecklenburg gefundenen Diorit=Keile völlig unbe-schädigt.

Meißelkeile. Von den kleinen dünnen Keilen aus Feuerstein, die ich Meißelkeile genannt habe, wurden 3 Stück gefunden, alle ganz geschliffen, von denen 2 ganz vollständig und unversehrt sind, 1 aber die Schneide verloren hat. Aus dem Zustande dieser Keile läßt sich schließen, daß sie zu freundlicherer Beschäftigung, vielleicht von Weibern und nur zum Schneiden, gebraucht wurden.

Hohlmeißel. Auch ein Hohlmeißel, an einer breiten Seite vortrefflich hohl geschliffen und vollständig erhalten, ward gefunden. Dies ist eine große Seltenheit.

Die meisten feuersteinernen Keile der Pfahlbauten haben eine dunkle, oft eine braune Farbe, welche dem Feuer-stein von Natur nicht eigen ist. Es ist möglich, daß diese Farbe von dem schwarzen Moorwasser kommt, in welchem die Keile Jahrtausende gelegen haben; ich glaube jedoch vielmehr, daß sie diese Farbe von dem Rauch erhalten haben, welcher die Wohnungen füllte, wie noch jetzt in manchen Bauerhäusern.

Dioritkeile. In dem Pfahlbau von Wismar ward auch ein Keil von Diorit oder Grünstein gefunden, ein sehr seltenes Vorkommen. Der Keil ist von mittlerer Größe, von ganz anderer Form, als die meklenburgischen Feuersteinkeile, an allen Kanten völlig abgerundet, überall geschliffen und ganz vollkommen erhalten. Wahrscheinlich ist dieser Keil aus der Fremde eingeführt. In dem Hünengrabe von Mestlin aus der Steinperiode (vgl. oben S. 13) ward ein ganz ähnlicher Keil aus Diorit gefunden.

Schmalmeißel oder Schmalkeile. Es werden aus der Steinperiode auch schmale Meißel gefunden, von den verschiebenen Längen der Keile, aber nur etwa einen Finger breit, zuweilen auch hohl geschliffen. Sie sind in der Regel sorgsam geschliffen und wohl erhalten. Auch in dem Pfahlbau von Wismar wurden 2 Schmalmeißel aus Feuerstein gefunden, von denen der eine ganz vollständig, der andere aber an beiden Enden abgebrochen ist. Merkwürdig ist es, daß beide ganz weiß sind, eine Erscheinung, die man öfter an den Schmalmeißeln wahrnimmt. Sie wurden ohne Zweifel zu feinern Arbeiten gebraucht und vielleicht viel in der Tasche getragen, wodurch wahrscheinlich das dem Feuerstein eigenthümliche und färbende Fett ausgetrocknet ist.

Rohe Schmalmeißel. Auch 3 Feuersteinblöcke, zu Schmalmeißeln vorbereitet, jedoch noch ganz roh und noch ohne scharfe Formen und muschelige Absprengungen, wurden in dem Pfahlbau gefunden. Man sieht hieraus, daß auch die sorgfältig gearbeiteten Schmalmeißel in den Pfahlwohnungen angefertigt wurden.

Halbe Größe.

Schleifsteine.

Die durch Abschlagen von kleinen muschelförmigen Stücken nach und nach vorbereiteten Feuersteinkeile mußten geschliffen und nach Beschädigungen oft wieder vorgeschliffen werden. Man hat in den Pfahlbauten der Schweiz oft Schleifsteine gefunden, welche, da die schweizerischen Keile weicher sind, aus nicht sehr hartem Sandstein bestehen und eine rundliche Rinne von der Breite, eines Keiles haben. Solche Schleifsteine kommen im Norden nicht vor; das Material des Feuerstein= keils erforderte hier eine andere Steinart zum Schleifen. In Kopenhagen hat man die Schleifsteine zum Schleifen des Feuersteins schon früh erkannt (vgl. Historisch=antiquarische Mittheilungen, Kopenhagen, 1835, S. 66, und Abbildungen, Taf. II, Fig. 1—3). Thomsen unterscheidet: flache Schleif= steine und keulenförmige Schleifsteine; die letzteren haben ur= sprünglich die Form eines mehrseitigen Prismas gehabt, sind aber durch langen Gebrauch auf allen Flächen sehr ausgehöhlt. Schleifsteine jeder Art gehören zu den seltenern Alterthümern. In Meklenburg ward zuerst im J. 1845 ein Schleifstein ent= deckt; seitdem sich aber die Erkenntniß sehr verbreitet hat, ist die Sammlung von sehr schönen Exemplaren schon ganz an= sehnlich geworden. Thomsen sagt a. a. O., daß „man sie in „Grabhügeln mit halb fertig geschliffenen Keilen auf ihnen „liegend gefunden habe, so daß über ihre Bestimmung kein „Zweifel sein könne." Auch in Meklenburg sind sie in Hünen= gräbern der Steinperiode zusammen mit Feuersteinkeilen ge= funden, so z. B. zu Dabel (vgl. Jahrb. X, S. 269, und Erster Bericht ꝛc. S. 6), zu Schlutow (vgl. Jahrb. XVIII, S. 228), zu Stuer (vgl. Jahrb. XVIII, S. 234). Diese Schleifsteine bestehen immer aus quarzartigem, sehr hartem „alten rothen Sandstein" (old red sandstone), von ausgezeichneter Schönheit, gewöhnlich von hellrother, oft auch von hellgrauer, sehr selten von bräunlicher Farbe, wohl zu unterscheiden von den sehr mürben, gespaltenen, jungen, rothen Sandsteinplatten, mit denen die Steingräber im Innern ausgesetzt und ausgefugt sind. Die hieneben abgebildeten „keulenför= migen" Schleifsteine, welche aus vielseitigen prismatischen Blöcken entstanden sind, kommen in Meklenburg seltener vor. Die „flachen" Schleifsteine sind häufiger. Diese sind größere, viereckige Platten, von verschiedener Dicke, welche auf den breiten Seiten, gewöhnlich auf beiden, in der ganzen Ausdehnung völlig regelmäßig und spiegelglatt abgeschliffen sind, gewöhnlich in der Mitte im Ganzen etwas vertieft, aber nie mit einer Rille. Die ver=

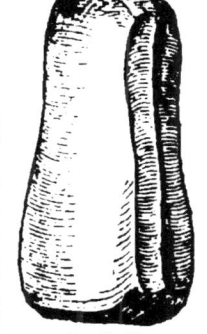

¹/₆ Größe.

schiedenen Formen der Schleifsteine sind auch sehr gut abge= bildet in Madsen Afbildninger af Danske Oldsager.

In dem Wismarschen Pfahlbau wurden ungewöhnlich viele und schöne flache Schleiffsteine dieser Art, nämlich drei, gefunden:

1) Eine dünne Platte von schmutzig hellrothem „alten Sandstein“, 4 Zoll lang, 3 Zoll breit, 2 Zoll dick, nur an einer Seite ausgeschliffen; die Vertiefung der Schleiffläche liegt nicht in der Mitte. Dies ist offenbar ein von einem größern Steine abgebrochenes Stück, da der Bruch mitten durch die obere Schleifffläche geht und die untere rauhe Seite unregelmäßig abgeschlagen ist, so daß man dieses Stück gleich als ein Bruchstück erkennt.

2) Eine dicke Platte von reinem rosenrothen alten Sandstein, 11 Zoll lang, 8 Zoll breit, 6 Zoll dick, auf beiden breiten Seiten ganz ausgeschliffen. An beiden Enden dieses dicken, sehr schönen Steins ist ein, wie es scheint, neuer Bruch, der queer durch die Schleifflächen geht.

3) Eine große Platte von sehr feinkörnigem, festem, rothem Gneis, 22 Zoll lang, 12 Zoll breit, 2¼ bis 5 Zoll dick, also von ungewöhnlicher Größe, an beiden Seiten vollständig ausgeschliffen, ein Exemplar von seltener Vollständigkeit. Diese Steinart, welche dem alten, rothen Sandstein sehr ähnlich ist und nahe kommt, wird sonst nicht zu Schleiffsteinen gebraucht; man hat ihn aber, wie das Ausschleifen zeigt, auch für brauchbar gefunden, oder ist auch durch Mißgriff zu seiner Bestimmung gekommen. Die Menschen der Steinperiode vergreifen sich sonst in der Wahl der Steinarten sehr selten. Dieser Schleiffstein lag innerhalb des runden Pfahlfundamentes dicht neben einem Pfahle platt auf dem ehemaligen Seegrunde,

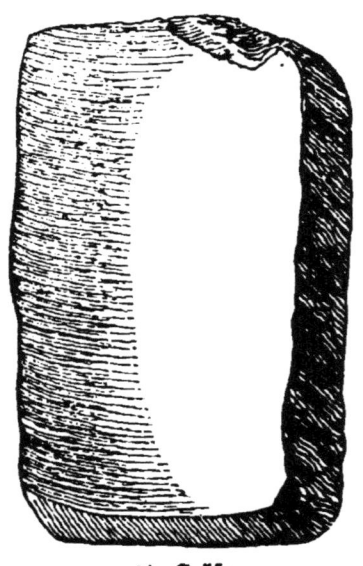

¹/₆ Größe.

wird also innerhalb des ehemaligen Hauses oben dicht an der Wand gelegen haben.

Außer diesen Schleiffsteinen wurden auch einige kleinere prismatische Steine gefunden, welche wohl zu Wetzsteinen benutzt wurden (vgl. Hist. antiq. Mitth. S. 66, c., Fig. 3),

namentlich ein prismatischer Wetzstein von hartem Thonschiefer, 3¼ Zoll lang und 1¼ Zoll dick.

Diese Schleifsteine von altem rothen Sandstein, welche
neben Feuersteingeräthen sowohl in den lang gestreckten Riesenbetten, als in den Pfahlbauten der Steinperiode gefunden
werden, liefern auch einen Beweis, daß beide gleichzeitig
sind.

Feuersteinscheiben.

Bei der Zurichtung der Feuersteinknollen zu Keilen, Lanzen
und Dolchen wurden zuerst die häufigen rundlichen Auswüchse
der Knollen abgeschlagen (vgl. oben S. 26). Hiedurch gewann man ziemlich regelmäßige, kreisförmige Scheiben, welche
am Rande sehr scharf waren und sehr gut zu handlichen
Schneidewerkzeugen gebraucht werden konnten. Sie werden
auf den Fabrikstätten von Feuersteingeräthen sehr häufig gefunden, wenn man darnach forscht, namentlich bis jetzt auf der
Insel Rügen, wo sie oft in großer Anzahl neben Splittern
aller Art gefunden werden. In dem Pfahlbau von Gägelow
ward eine noch nicht abgenutzte, scharfrandige Scheibe dieser
Art gefunden, welche offensichlich noch nicht gebraucht ist. In
dem Pfahlbau Wismar ward die hier abgebildete Scheibe
gefunden, welche an dem ganzen Rande umher durch vielen

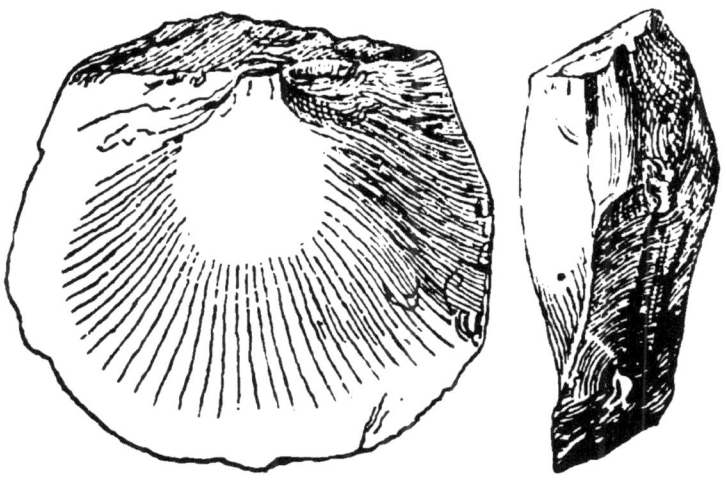

Ganze Größe.

Gebrauch stark abgenutzt ist. Man sieht auf der hier dargestellten abgesprengten, glatten Seite der Scheibe sehr deutlich
den muschelförmigen Ansatz von der Absprengung.

Feuersteinspäne.

Nachdem die runden, knollenartigen Auswüchse von den
Feuersteinblöcken abgeschlagen waren, splitterte man mit großer
Geschicklichkeit der Länge nach lange, schmale, dünne Späne ab,
welche gewöhnlich 3 bis 5 Zoll
lang und ungefähr 1 Zoll und
darüber breit sind; jedoch
kommen sie auch in größern
Exemplaren vor. Diese Späne
haben am häufigsten an der
einen Seite, an welcher sie von
dem Block abgeschlagen sind,
immer eine breite, glatte Fläche
und an der andern Seite drei
schmale Flächen, so daß die
Späne einen trapezförmigen
Durchschnitt haben, wie hier
durch die Abbildungen dargestellt ist. Viele, namentlich
die kleinern, haben aber auch
einen dreiseitigen Durchschnitt.
Man gewann sie, indem man
von einem Block umher nach
und nach so viel absprengte,
daß man einen regelmäßigen
Block erhielt, der zur Bearbeitung eines Feuersteinge-
räthes tauglich war. Manche
Feuersteinblöcke, namentlich
solche, welche keine größeren
Geräthe liefern konnten, wurden auch wohl allein dazu gebraucht, um bis zum Ende
Späne zum Gebrauche abzu-
sprengen. Schließlich konnte

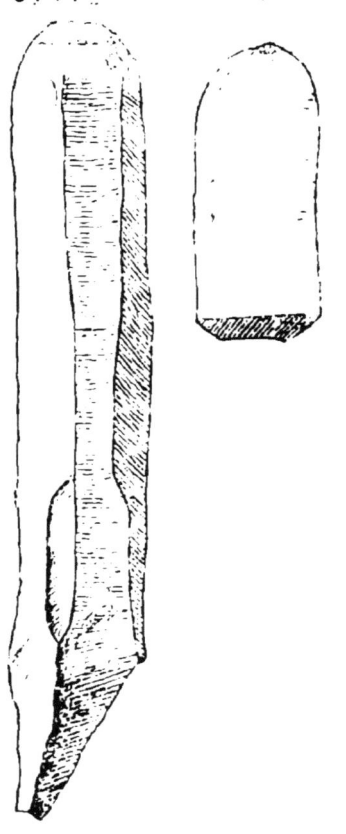

Ganze Größe.

man noch zu Pfeilspitzen und kleinen Meißelkeilen taugliche
Stücke gewinnen. Man sieht an der breiten Seite der Späne
immer den muschelförmigen Ansatz von der Absprengung, wie

auf der Abbildung zu sehen ist. Solche Splitter und auch verunglückte Späne werden an Fabrikstätten auf dem festen Lande oft in unglaublicher Menge, gewöhnlich neben verunglückten Geräthen, gefunden.

In dem Pfahlbau von Wismar wurden auch zwei kleine, kurze Feuersteinblöcke gefunden, von denen ringsumher Späne abgesprengt sind, und viele kleine Splitter, welche bei der Absprengung abfielen und welche auch noch zu kleinen schneidenden Geräthen gebraucht werden konnten.

In den Pfahlbauten der Schweiz sind diese Späne und Pfeilspitzen die einzigen Geräthe, welche aus Feuerstein vorkommen und wahrscheinlich an dem Orte der Pfahlbauten aus den vom Jura her eingeführten Knollen verfertigt wurden, wie der viele kleine Abfall beweist, der dabei gefunden wird, namentlich in dem Pfahlbau von Wauwyl.

Diese Späne wurden zu verschiedenen Zwecken verwandt. Die kleinern, dreiseitigen, spitzigen Splitter wurden wohl zu Pfeilspitzen benutzt. Die langen, regelmäßigen Späne, wie oben einer abgebildet ist, dienten wohl zu Messern. Andere ähnliche, welche am Rande zahnförmig abgelöselt erscheinen, sollen nach den Ansichten der Schweizer zu Sägen gedient haben. Es ist jedoch die Frage, ob diese kleinen Absplitterungen nicht von der Abnutzung der Messer herrühren. Jedoch können die scharfen Späne auch immer als Sägen gedient haben, da in der Schweiz in dem weichern Gestein der Keile sehr viele Sägeschnitte vorkommen, welche wohl nur durch Feuerstein gemacht sein können. Jedoch dürften im Norden die halbmondförmigen Feuersteinmesser, welche im folgenden Abschnitte unten zur Sprache kommen werden, zu Sägen gebraucht worden sein. Aber vorherrschend werden die scharfen, langen Späne zu Messern gedient haben, da sie sehr oft krumm sind, also zu Sägen nicht gut taugten, und ganz vortrefflich schneiden, auch oft Exemplare gefunden werden, welche an beiden Seiten stark abgenutzt, also aus freier Hand viel gebraucht sind.

In der Schweiz hat man sehr sichere Entdeckungen über die Handhabung dieser Feuersteine gemacht. Man machte eine schmale Handhabe aus Eibenholz von der Länge der Späne und von der Form eines „Weberschiffchens", gab dieser an der einen Seite einen Einschnitt und befestigte in diesem mit Erdpech den Feuersteinspan. Ich habe ein solches vollständiges Messer, dessen Feuersteinklinge noch fest in dem Pech der hölzernen Handhabe saß, gesehen, welches während meiner Anwesenheit in der Schweiz 1864 in dem Pfahlbau von Robenhausen gefunden ward. Ich möchte glauben, daß die großen, regelmäßigen Späne mehr zu Messern, als zu Sägen gebraucht sind. Auch Keller (I., S. 75, und Taf. III) hält die nicht gezahnten Stücke für Messer.

In dem Pfahlbau von Wismar wurden 6 Spanmesser, zum Theil zerbrochen, gefunden. — Auch in den Riesenbetten, werden diese Späne gefunden. In dem Grabe von Prieschendorf (vgl. oben S. 13) fanden sich 6 solche Feuersteinspäne, von denen einer an beiden Schneiden sehr abgenutzt, nicht sägenförmig gekröselt ist, und in der „Riesenhege" zu Rosenberg wurden gar 16 schöne Späne gefunden (vgl. Frid. Franc. Erl., S. 76). Diese Funde können wieder als ein Beweis für die Gleichzeitigkeit der Riesenbetten und der Pfahlbauten gelten.

Feuersteinsägen (oder Sicheln?).

Wahrhaft bewundernswerthe Werke der Steinperiode sind die im Norden nicht seltenen, im Süden außer den Pfeilspitzen nicht vorkommenden, schneidenden Geräthe aus Feuerstein, wie Dolche, Lanzen, Pfeile, welche durch kleine muschelige Absprengungen hergestellt sind und sehr scharfe Schneiden haben. Diese dünnen, zweckdienlichen Geräthe sind nicht allein mit außerordentlicher Geschicklichkeit verfertigt, sondern auch oft von sehr schönen Formen. Zu diesen vortrefflichen Geräthen gehören auch die dünnen, sogenannten „halbmondförmigen" Feuersteinmesser, welche durch kleine muschelförmige Ab-

Halbe Größe.

splitterungen an beiden Seiten scharfe Schneiden erhalten haben. Oft ist die eine Langseite, gewöhnlich die dickere, mehr sägenförmig ausgezahnt; ich glaube aber, daß dies mehr in der Art der Bearbeitung, als in der Absicht lag, da beide Seiten gleich scharf schneiden. Diese Werkzeuge konnten eben so gut in der freien Hand, als mit einer hölzernen Handhabe geführt werden. Man hat sie wohl für Schabemesser zur Bereitung der Felle angesehen; aber in Dänemark hat man sie schon früh für Sägen erklärt (Hist. ant. Mitth., S. 74), um so mehr da auch die allerdings sehr seltenen bronzenen Sägen der Bronzezeit auch nicht länger sind. Dabei ist aber nicht zu übersehen, daß es auch wirkliche Sägen aus Feuerstein mit regelmäßigen, deutlichen, langen Zähnen giebt. Wenn man nun die Benutzung dieser Klingen zu Sägen auch nicht auszuschließen braucht, so ist es doch auch nicht unwahrscheinlich, daß sie zu Sicheln verwandt wurden, da diesen ihre Form am nächsten kommt. Wohl zu beachten ist, daß sie gewöhnlich gar nicht beschädigt, also wohl nicht zu harter Arbeit gebraucht sind; die in Meklenburg gefundenen Exemplare sind alle ganz wie neu. Sie sind in Meklenburg häufig gefunden, am meisten in Torfmooren, wahrscheinlich in unbeachteten Pfahlbauten, und früher gewöhnlich immer in zwei Exemplaren neben einander. Man hat aus dieser Zahl auf eine Bestimmung oder Bedeutung schließen wollen. Dies wird aber nur Zufall gewesen sein, da seit der Gründung des Vereins für meklenburgische Geschichte nicht nur sehr viele einzelne Exemplare gefunden sind, sondern auch 5 bis 6 Exemplare in Torfmooren nicht weit von einander.

In dem Pfahlbau von Wismar ward das auf der vorhergehenden Seite abgebildete schöne Exemplar gefunden. In den Hünengräbern sind diese Messer noch nicht beobachtet worden.

Streitärte.

Zu den kunstreichsten Geräthen der frühesten Zeiten gehören die durchbohrten Streitärte, sowohl durch die im Laufe der Zeiten sich mehr und mehr ausbildende Schönheit der Formen, als durch die vortreffliche Schleifung der Oberfläche und die ausgezeichnete Bohrung des Schaftloches. Das Gestein ist in der Regel ein sehr zähes Hornblendegestein, Diorit, Grünstein und ähnliches Gestein. Wenn einmal ein Mißgriff in der Wahl des Gesteins geschehen ist, so ist gewöhnlich die Axt im Schaftloche durchbrochen. Die durchbohrten Aexte finden sich sowohl auf den Feldern und in Torfmooren als verloren gegangene Stücke, als auch in den Gräbern der Steinperiode.

Die älteste Form [1]) der Streitäxte ist die einfache Form von der Grundgestalt des Keils, wie sie hieneben abgebildet ist. Das besondere Kennzeichen dieser Form ist, daß das der Schneide entgegengesetzte Bahnende grade ist. Diese Aexte, gewöhnlich von der hier abgebildeten Größe und Form, welche als eine grundlegliche angenommen werden kann, werden häufig gefunden; alle andern sind selten.

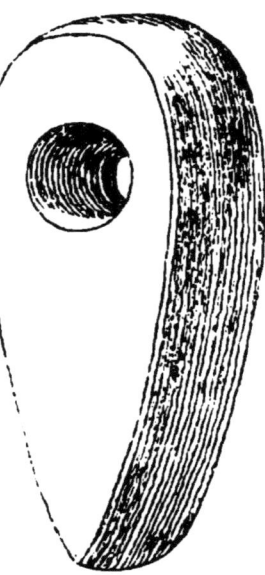

Halbe Größe.

Nur eine alte Form kommt außer dieser als eine ebenfalls herrschende Form, jedoch auch viel seltener, vor. Es giebt nämlich durchbohrte Streitäxte mit zugespitzter Bahn, wie die hier unten stehende Abbildung zeigt, und diese Form wird in den lang gestreckten Riesenbetten mit Erbhügeln gefunden. Eine Streitaxt von derselben Form ist ein einem regelmäßig aufgedeckten Hünengrabe von Stuer (vgl. oben S. 13), wo viele ähnliche Gräber der Steinzeit aufgedeckt wurden, neben feuersteinernen Pfeilspitzen und einem Schleifstein von altem rothen Sandstein gefunden. Dieselben Streitäxte fanden sich in Hünengräbern bei Gnoien (Jahres-

---

[1]) Nilsson a. a. O., S. 43 und 44, Taf. X, Fig. 129 und 130, hält diese Form der Aexte für Werkzeuge zum täglichen Gebrauche und nur nach der Anwendung von den ausgebildetern Formen für verschieden. Ich glaube jedoch, daß sie auch der Zeit nach verschieden sind, und daß die ausgebildetern Formen einer jüngern Zeit angehören. Die letzten Formen finden sich in Skandinavien häufiger, als die einfachen Formen.

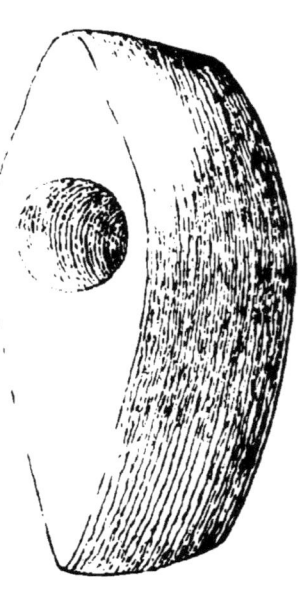

Halbe Größe.

bericht VIII, S. 33) und Dobbin (Jahrb. XI, S. 346). Auch zu Tatschow bei Schwaan ward in einem um das J. 1833 abgetragenen großen Hünengrabe eine solche Streitart neben 3 Urnen, 2 Keilen, 2 Hohlmeißeln, 3 Schmalmeißeln und 3 Messern aus Feuerstein gefunden (vgl. Erster Bericht über die Vermehrungen des Großherzogl. Antiquarii, S. 5). Diese Form ist also einer bestimmten Zeit eigenthümlich, wenn auch die alte Form nebenher gehen mag und wird, und ist außer derselben nicht beobachtet.

Außer diesen beiden Formen giebt es noch Streitäxte von sehr schönen Formen, welche alle unter sich sehr verschieden und sehr frei gebildet sind. Von diesen Formen mögen viele der Bronzeperiode angehören, da nach den Beobachtungen der nordischen Forscher die steinernen Streitäxte, und zwar von schönen Formen, noch weit in die Bronzeperiode hineingehen.

In dem Pfahlbau von Wismar ward die zuletzt hier abgebildete Streitart aus Diorit mit Schaftloch und zugespitzter Bahn gefunden, und liefert auch dieses Stück den Beweis, daß dieser Pfahlbau mit den lang gestreckten Riesenbetten gleichzeitig ist.

In der Schweiz, auch in den Pfahlbauten daselbst, werden durchbohrte Steinäxte sehr selten gefunden, so daß dort eine vergleichende Beobachtung über dieselben sehr selten möglich und sehr schwer ist.

In dem Pfahlbau von Wismar ward auch eine Steinart gefunden, welche kein Schaftloch hat, sondern einen Griff oder einen Zapfen zur Befestigung in einem gespaltenen Schafte; es scheint als wenn man diese Befestigungsweise an einigen abgescheuerten Stellen an dem Zapfen erkennen kann. Solche Aexte, welche früher auch wohl „Handäxte" genannt sind, sind sehr selten. Sie sind gewöhnlich sehr groß (Frid. Franc., Taf. XXIX, Fig. 3) und schwer, in der Regel größer, als alle durchbohrten Aexte, und oft sehr gut gearbeitet und geschliffen. Es läßt sich daher die frühere Ansicht wohl nicht festhalten, daß sie der ältesten Bildungszeit der Menschheit angehören.

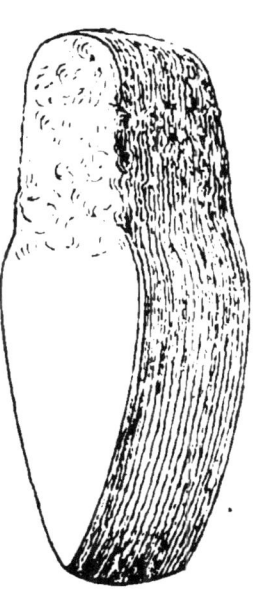

Halbe Größe.

Auch ein von Natur sehr regelmäßig als Keil gebildeter Stein, ohne Loch und Zapfen, von der Größe der mittleren Keile, scheint im Pfahlbau von Wismar als Axt benutzt worden zu sein.

Mahlsteine.

In Norddeutschland werden sehr häufig Granitblöcke von 1 bis 2 Fuß Kubikinhalt gefunden, welche der Länge nach tief und regelmäßig ausgehöhlt und an einem Ende immer geöffnet, also halbmuldenförmig gestaltet sind. Sie sind in Meklenburg so sehr verbreitet, daß man auf einzelnen Landgütern noch jetzt oft mehrere findet; ja man findet sie hin und wieder in Städten zu Abflußrinnen vor dem Ausfluß der Dachrinnen verwendet, und in den Kirchen aus der katholischen Zeit oft zu Weihkesseln benutzt. In Pommern werden sie von den Landleuten „Hünenhacken" genannt, d. h. Fersenspuren der Riesen, ein mythologischer Ausdruck, der sehr bezeichnend für die Uranfänge der Menschheit ist. In Dänemark, wo sie auch gefunden werden, hat man sie für Schleifsteine zum Schleifen der Steingeräthe gehalten. Es ist möglich, daß man die nur flach ausgeschliffenen Steine dieser Art, die sich auch finden, zum ersten Ebnen der rauh vorbereiteten Steingeräthe benutzte; zum Schleifen derselben können sie aber nicht gedient haben, da der Granit dieser Steine viel zu grobkörnig und derbe, die Höhlung auch viel zu tief und enge ist, um so vollkommenen Werkzeugen, wie oft die Keile und Streitäxte sind, darin Schliff und Politur geben zu können. Zum Schleifen der Keile dienten jene glatt geschliffenen „alten rothen Sandsteine", welche oben S. 31 beschrieben sind. Ich habe diese Steine daher immer für Handmühlen der ältesten Zeit gehalten, in denen man mit rundlichen Steinen mit der Hand das Getraide quetschte und zerrieb (vgl. Jahrb. XXIV, S. 275, XXV, S. 211 flgb.). Diese Steine haben ohne Zweifel schon zur Steinzeit zu Mühlen gedient; sie sind aber auch in den Kegelgräbern der Bronzezeit wiederholt gefunden. Vor kurzem soll nach Zeitungsnachrichten zu Neu = Gaarz bei Waren ein solcher Mahlstein zusammen mit einer Reibkugel gefunden sein. Der beste Beweis für den Gebrauch dieser Steine zu Getraidequetschen ist der, daß sie noch heute in der Wallachei und in Amerika bei den Creolen in Venezuela in Gebrauch sind. Ein directer Beweis, daß diese Mühlsteine in Meklenburg in

Gräbern der Steinperiode gefunden sind, ist mir noch nicht
vorgekommen. Es war jedoch
eine überraschende Bestätigung,
daß in dem Pfahlbau von Gägelow ein Mühlstein von der
hieneben abgebildeten Gestalt
gefunden ward, welcher jedoch
durch ein unglückliches Ungefähr
bald nach der Auffindung in der
Tiefe eines neu aufgeführten
Brunnens vermauert ist.

Zu diesen Mühlsteinen ge-
hören die Reibsteine, welche in
rem folgenden Abschnitt behan-
delt werden sollen.

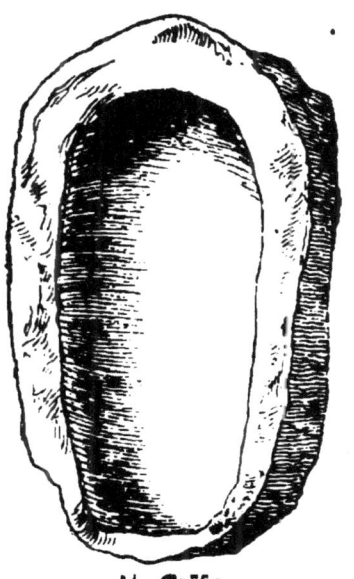

¹/₆ Größe.

Reibsteine.

Es finden sich im Lande sehr häufig runbliche Steine,
immer ungefähr von Faustgröße, beinahe von der Größe und
Gestalt einer etwas gedrückten Pommeranze, zwischen 3 bis 5
Zoll im Durchmesser, deren Flächen und Kanten rauh abgerieben sind und zwar oft so sehr, daß diese Steine nicht selten
die Gestalt einer vollkommenen Kugel bilden. Sie sind in der
Regel aus weißlichem, harten Uebergangssandstein, seltener aus
sehr feinkörnigem, hellen Granit oder Gneis. Man hat dazu
schon von der Erbbildung her
passend geformte Steine gewählt,
oder häufiger handrechte Stücke
zurecht geschlagen. Gewöhnlich
sind an diesen Steinen, namentlich wenn sie von Sandstein sind,
noch mehrere Schichtungsflächen
unberührt und noch klar zu
erkennen, wie die hieneben
stehende Abbildung oben
und an der linken Seite sehen
läßt, während die übrigen Flächen

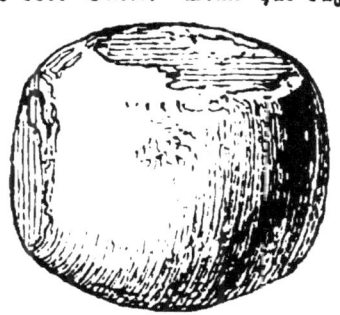

Halbe Größe.

runblich abgerieben find. Diese Abreibung ift aber klar zu
erkennen.

Diese runden, künftlich zu ihrer Form gebrachten Steine
find verschieden gedeutet worden. In frühen Zeiten hielt man
fie wohl für steinerne Geschützkugeln, welche es im Mittelalter
allerbings gegeben hat. Die norbischen Forscher haben bar=
nach wohl geglaubt, biese Steine seien Klopf= ober „Knack=
fteine", mit beuen die Menschen ber Steinperiode die steinernen
Werkzeuge zugerichtet hätten; jedoch alles spricht bafür, baß bamit
gerieben, aber nicht geschlagen ist. Ich habe immer geglaubt,
baß fie zu Reibsteinen gedient haben, um Lebensmittel bamit
zu zerquetschen (vgl. Jahrb. XXIIII, S. 276, und XXVII, S.
168), wenn ich mich auch einmal habe verleiten lassen, fie für
Rollsteine zur Fortbewegung der großen Steinblöcke für bie
Gräber der Steinzeit zu halten (vgl. Jahrb. XXIII, S. 276).

Nach allen Anzeichen find biese Steine aber als **Reib=
fteine** gebraucht, um bas Getraide, welches schon zur Stein=
zeit gebauet warb, in ben im vorigen Abschnitte bargestellten
Quetschmühlen zu zerreiben. Dem aufmerksamen Beobachter
fann es nicht entgehen, baß fie oft in großer Anzahl an solchen
Stellen gefunden werben, wo sich Spuren von ehemaligen
menschlichen Wohnungen zeigen. In Norbholland bei
Hilversum lagen fie in ben ben Steingräbern ähnlichen Felsen=
häusern in großer Anzahl neben ben ehemaligen Feuerherden
mit Steingeräthen aller Art unb Thierknochen, Kohlen unb
Asche. In ben Höhlenwohnungen Mecklenburgs haben fie sich
ebenfalls mit anbern Steingeräthen gefunden. In ben Pfahl=
bauten ber Schweiz find fie sehr häufig[1]), jedoch von anberer,
weicherer, bunklerer Steinart unb mehr platt ober scheiben=
förmig, wie benn bie meisten schweizerischen Steingeräthe aus
schieferartigen Platten verfertigt sinb, während im Norben die
Steine blockartig ober knollenförmig find. Aus bem häufigen
Vorkommen kann man fast sicher schließen, baß ba, wo biese
Reibsteine gefunden werben, in uralten Zeiten „Menschen
wirthschafteten", ober baß biese Reibsteine bie sichersten
Zeichen von Pfahlbauten sind. Der Herr Ritter fanb
z. B. im J. 1857 auf seinem Gute Friedrichshöhe bei Roftock
in einem weiten Moberlager, welches ganz ausgegraben warb,
in einer Tiefe von 7 Fuß .neben vielen bicken Topfscherben
nicht weniger als 16 Reibsteine unb 1 Schleifstein aus altem,

---

[1]) In bem Pfahlbau von Robenhausen am Pfäffiker=See fanb ich im
September 1864 bei ber persönlichen Nachgrabung gleich beim ersten
Angriff einen solchen Reibstein, welchen mir ber Herr Messikomer
zum Anbenken schenkte.

weißem Sandstein; ich werde stets überzeugt sein, daß hier ein Pfahlbau gestanden hat, der zur Zeit seiner Ausgrabung noch nicht erkannt ward (vgl. Jahrb. XXIII, S. 276, und XXIV, S. 265). So wurden auch in dem Sühring-Torfmoor bei Bützow, welches alle Anzeichen von Pfahlbauten trägt, diese Reibsteine wiederholt entdeckt.

Diese Wahrnehmung haben auch die neu entdeckten Pfahlbauten in Meklenburg bestätigt. In beiden Pfahlbauten wurden diese Reibsteine in zahlreichen Exemplaren gefunden.

In dem Pfahlbau von Gägelow fanden sich solcher Reibsteine: 4 von größtem Umfange, 4 von mittlerer Größe, 4 kleine, 2 viereckig zu Reibkugeln zugehauene Steine und 1 auf der Oberfläche stark verwitterte Kugel.

In dem Pfahlbau von Wismar wurden 7 Reibsteine gefunden, nämlich 1 großer und 5 von mittlerer, gewöhnlicher Größe, wie einer hier abgebildet ist, und 1 auf der Oberfläche verwitterte Kugel.

Diese Reibkugeln sind die besten Leiter zur Entdeckung von Pfahlbauten.

Es ward auch eine ganz kleine Kugel aus festem Thonstein gefunden, ungefähr 1 bis $1\frac{1}{4}$ Zoll im Durchmesser haltend. Solche kleine Kugeln, immer von derselben Größe, sind öfter gefunden, aber bisher unerklärt geblieben.

Glättsteine.

In dem Pfahlbau von Wismar ist ein Stein gefunden, welcher den Reibkugeln ähnlich ist, sich aber wesentlich von diesen unterscheidet. Dieses Werkzeug hat eine regelmäßige länglich-linsenförmige Gestalt mit ziemlich scharfem Rande, ist 4 Zoll lang, 3 Zoll breit, 2 Zoll dick und auf der ganzen Oberfläche regelmäßig abgeschliffen und geglättet. Das Gestein ist ein dunkelgrauer, fester Thonschiefer. Sowohl wegen des Gesteins, als auch wegen seiner durchaus glatten Oberfläche, auch wegen seiner geringen Höhe hat dieses Werkzeug wohl nicht zum Zermalmen des Getraides gedient, sondern ist wohl zum Glätten weiblicher Arbeiten, z. B. der Gewebe, Geflechte, Nähte u. s. w. benutzt. Entfernt gleicht dieses Geräth den schweizerischen Reibsteinen, welche alle etwas dünner und flacher sind, als die nordischen.

Mühlsteinplatten.

In dem Pfahlbau von Wismar sind auch mehrere Bruchstücke von Mühlsteinplatten gefunden, welche an dieser Stelle allerdings sehr merkwürdig erscheinen. Sie haben völlig flache, zirkelrunde Scheiben mit einem Loche in der Mitte gebildet und sind auf der untern Seite eben und rauh, auf der obern Seite durch eingehauene feine Rillen, welche vom Mittelpuncte nach dem Rande laufen, körnig gemacht. Sie bestehen immer aus grauem, porösem, hartem Basalt, welcher sich als Geschiebe im Lande findet, aber auch eingeführt wird.

1) Eine Platte ist 3 Zoll breit vom Loche bis zum Rande, gegen 1½ Zoll dick und bildet ungefähr ein Drittheil einer Scheibe; auf der Oberfläche sind ganz feine, grade Linien vom Mittelpuncte bis zum Rande eingehauen.

2) Eine andere Platte, welche tief auf dem Grunde gefunden ward, ist 3½ Zoll breit vom Loche bis zum Rande und gegen 1½ Zoll dick und bildet ungefähr ein Viertheil einer Scheibe; auf der Oberfläche sind tiefere grade Linien vom Mittelpuncte bis zum Rande eingehauen. Der Rand ist völlig glatt abgeschliffen und auf der untern Fläche findet sich ein glatt eingeriebenes Zapfenloch. Dieses Bruchstück gehört sicher nicht zu dem ersten Bruchstücke.

3) Eine dritte Platte ist ein Bruchstück von einem größern Steine und zwar von dem Rande desselben, 9 Zoll lang, 6 Zoll breit und 2½ Zoll dick; auf der Oberfläche dieses Stückes sind 10 tiefere, geschwungene Linien eingehauen.

Diese Steine sind offenbar Bruchstücke von Handmühlen, in benen zwei ähnliche Steine auf einander gingen, und unterscheiden sich wesentlich von den alten, rohen, granitenen Mahlsteinen, in deren Höhlung das Getraide mit einer steinernen Kugel zermalmt ward. Diese Steine tragen offenbar den Charakter einer viel jüngern Zeit, als die Steinperiode ist, und könnten weit bis in das Mittelalter hineinreichen.

Von Wichtigkeit für diese Untersuchung ist aber, daß in dem Pfahlbau von Gägelow ein Mörser gefunden ist, welcher aus demselben Gestein besteht (vgl. die Abbildung auf der beigegebenen Steindruck-Tafel IV, Fig. 1 a und b). Solche Basaltmörser und Mörserkeulen sind schon öfter in Laude und sonst in Deutschland und in Skandinavien gefunden, in Meklenburg z. B. zu Niendorf bei Grevesmühlen (Jahresbericht VI, S. 33), offenbar alt, zu Sternberg (Jahrb. X, S. 270) und zu Roxin bei Grevesmühlen (Jahrb. XIX, S. 294). Da einige derselben aber schon ausgebildete architektonische Formen

haben und bisher kein einziger in einem Grabe gefunden ist,
so habe ich sie bisher immer für Geräthe zweifelhaften Ursprungs gehalten. Auch Nilsson (Skandin. Urinvånare), welcher
sie für Quetschwerkzeuge zum Getraide hält, „beharrt nicht auf
dieser Erklärung", da sie nicht mit Sicherheit aus Hünengräbern stammen. Und obgleich ein Stück dieser Art in dem
Pfahlbau von Gägelow gefunden ist, welcher sonst nur Geräthe der Steinperiode enthält, so kann ich mich doch noch
nicht entschließen, diese basaltischen Geräthe ohne Zweifel der
Steinperiode zuzuschreiben.

Am wenigsten dürften die oben beschriebenen Mühlstein-
bruchstücke von Wismar in die Steinperiode fallen. Es möchte
sich aber wohl eine Erklärung dafür finden lassen, wie diese
Steine in das Moor gekommen sind. Es ist leicht möglich,
daß diese Bruchstücke von zerbrochenen Mühlsteinen in jüngern
Zeiten, als das Torfmoor noch ein Sumpf oder See war, von
Fischern zu Ankersteinen oder Senksteinen benutzt wurden und
hier verloren gingen. Würden diese Steine aus den Pfahlbauten stammen, so würden ohne Zweifel ganze Mühlsteine,
und nicht Bruchstücke, gefunden sein.

Anm. Während der Correctur dieses Bogens wird eine
vollständige Platte dieser Art eingesandt, welche in dem ausgegrabenen Moder des Pfahlbaues von Gägelow gefunden ist.
Diese Platte ist der vollständige untere Stein einer Handmühle,
rund, 1 Fuß im Durchmesser und 2½ Zoll dick. Die untere
Fläche ist eben, aber nicht bearbeitet; die obere Fläche hat
feine eingehauene Rillen, welche von dem runden Loche in der
Mitte gegen den äußern Rand hinlaufen. Zur Seite des
Mitteloches sind zwei schwalbenschwanzförmige Vertiefungen
eingehauen, um eine Zwinge darin zu befestigen. Allem Ansehen nach stammt dieser Mühlstein aus dem Mittelalter und
ist das Vorkommen in diesem, jetzt von menschlichen Wohnungen
weit entfernten Pfahlbau unerklärlich. Die Bruchstücke aus
dem Wismarschen Pfahlbau sind dieser vollständigen Platte
völlig gleich.

---

7. Geräthe aus Thon.
Töpfe.

In den Pfahlbauten werden zahllose Scherben von thönernen Gefäßen, zuweilen, jedoch natürlich selten, auch ganze

Gefäße gefunden. Alle thönernen Gefäße der heidnischen Zeit Nord- und Mittel Europas sind in der Bereitungsweise gleich: sie sind aus freier Hand aus Thon geformt, welcher stark mit zerstampftem Granit oder grobem Sand durchknetet ist, nach der Vollendung der Form durch Ueberschmierung mit geschlämmtem Thon geebnet und am offenen Feuer gedörrt. Diese Bereitungsweise, namentlich die Vermengung des Thons mit Gestein, war nothwendig, um die Gefäße beim Dörren in ihrer Gestalt zu erhalten und sie dauerhaft und feuerbeständig zu machen, und ist bei allen wilden Völkern der Erde, auch noch jetzt, gebräuchlich (vgl. Jahrb. X, S. 238); alle sind vor der Erfindung des Brennofens auf dieselbe Erfindung gerathen. Die Griechen und Römer kannten schon die Herstellung feinen Thongeschirres durch den Töpferofen. Aber bevor die griechisch-römische Bildung die kunstmäßige Bereitung des Thongeschirrs übte, bereiteten auch die Völker Italiens ihre Thongefäße genau in derselben Weise, wie die Völker Mittel- und Nord-Europas, wie die aus der Steinzeit stammenden Pfahlbauten und die Urnen der alten Gräber Italiens beweisen, z. B. die Ausbeute aus dem Pfahlbau in dem See von Varese bei Mailand, welcher sicher und ganz aus der Steinzeit stammt und den mittel- und nordeuropäischen völlig gleich ist, wie ich den Fund in Zürich selbst 1864 zu untersuchen willkommene Gelegenheit hatte. Diese thönernen Geschirre der Heidenzeit finden sich gleichmäßig in den Gräbern, Pfahlbauten und Höhlenwohnungen der Steinperiode und der darauf folgenden Perioden.

Die thönernen Geschirre der Heidenzeit lassen sich in zwei Classen scheiden, die ich Töpfe und Krüge nennen will. Die Töpfe sind immer sehr roh gearbeitet, größtentheils grabwandig, sehr dick in den Wandungen, ohne Linienschmuck auf der Außenfläche und gewöhnlich groß. Es giebt große Töpfe aus der Heidenzeit, deren Wandungen ½ bis 1 Zoll dick sind. Die Töpfe wurden theils zum Kochen und zur Bereitung der Speisen, theils zur Aufbewahrung der Lebensmittel, theils zu Wassergefäßen und ähnlichen wirthschaftlichen Bedürfnissen benutzt. Die Scherben von solchen schmucklosen Töpfen sind nun überall sehr häufig da, wo menschliche Wohnungen gewesen sind, zur Steinzeit in den Pfahlbauten und Höhlenwohnungen. Oft sind die Scherben von Ruß geschwärzt, mitunter auch hell und gelblich und röthlich durch Hausbrand gebrannt. Es giebt, freilich sehr selten, sehr große, dickwandige Töpfe (von uns früher „Riesenurnen" genannt), welche ohne Zweifel aus der heidnischen Zeit stammen. Sie sind ungefähr 2 Fuß hoch und 2 Fuß weit im Durchmesser und ⅜ Zoll dick in den Wandungen und sind wahrscheinlich zur Aufbewahrung großer Vorräthe von Feldfrüchten und Fleisch benutzt. Bei Wittenburg ward ein solcher Topf mehrere Fuß tief unter der Erdoberfläche gefunden; in demselben lagen einige Knochen (vgl. Jahresber. V, S. 64); wahrscheinlich gehörte derselbe zu einer Höhlenwohnung. Ein gleicher Topf ward unter gleichen Verhältnissen zu Gr. - Medewege bei Schwerin (vgl. Jahrb. XIII, S. 378) und ein Bruchstück zu Satow bei Kröpelin (vgl. Jahrb. XVIII, S. 261) gefunden. In den Höhlenwohnungen ist der Boden der Kochgefäße gewöhnlich ganz erhalten, weil die Gefäße auf fester und grader Unterlage standen, als die Wohnungen zerstört wurden; die Seitenwände sind aber immer zertrümmert. In den Pfahlbauten finden sich dagegen die verschiedenartigsten Scherben von zerbrochenen Gefäßen, welche entweder weggeworfen oder beim Einsturz der Wohnungen zertrümmert sind.

In dem Pfahlbau von Wismar fanden sich nun sehr verschiedenartige Scherben von Töpfen, welche jedoch alle so klein und unbedeutend sind, daß sie kein neues Ergebniß liefern.

Krüge.

Eine zweite Classe von Thongefäßen sind diejenigen, welche ich Krüge genannt habe. In den Pfahlbauten der Schweiz werden, wie es sich auch nicht anders annehmen läßt, vielerlei thönerne Geschirre, wie Krüge, Näpfe, Schüsseln, auch Spinnwürtel, Webegewichte, Netzsenker, Ringe zum Geradestellen von Gefäßen mit spitzem Boden u. a. m. gefunden. Die Näpfe, Krüge und Schüsseln wurden ohne Zweifel beim Trinken und Essen gebraucht. Diese Krüge sind freilich auf dieselbe Weise bereitet wie die Töpfe, aber sie weichen von diesen in vielfacher Hinsicht ab. Die Krüge der Steinperiode sind klein, in den Wandungen dünne geformt, sorgfältig und sauber gearbeitet, gewöhnlich mit eingeritzten Linien verziert, welche jener Zeitperiode eigenthümlich sind, und von einer schönen braunen Farbe; sie haben im Bauche gewöhnlich eine kugelige Form (vgl. Jahrb. X, S. 253) und einen sehr hohen, bald graden, bald ausgebogenen Rand. Diese Gefäße sind in Nord-Europa bisher nur aus den Gräbern einer gewissen Zeit der Steinperiode bekannt gewesen. Sie wurden mit Speise und Trank gefüllt neben den unverbrannten Leichen

in die Gräber gesetzt. Man kann daher annehmen, daß dieselben Geschirre im Leben in den Wohnungen gebraucht wurden,
aber auch daß man dem geliebten Todten das Beste, was man
besaß, auf die Reise in die Ewigkeit mitgab, also großen
Herrschern und Helden in großen
Gräbern das Beste, was die
Zeit hervorbrachte.

Wir haben das große Glück
gehabt, in dem Pfahlbau von
Wismar einen solchen Krug zu
finden, der hieneben abgebildet ist; er lag im Pfahlbau
ganz, zerbrach aber beim Herausholen, ward jedoch glücklicher
Weise in einer ganzen Hälfte
der Ansicht gerettet, wie er hier
dargestellt ist.

Halbe Größe.

Dieser Krug, welcher die oben beschriebene Gestalt hat
und mit senkrechten Linien verziert ist, hat nun ganz dieselbe
Form, wie die Urnen, welche sich in den Steingräbern mit
den langgestreckten Hügeln aus der Steinzeit finden. Ich
nehme hier zum Vergleich das große Hünengrab von Molzow,
welches 1840 bis 41 durch den Freiherrn Albrecht Maltzan
wissenschaftlich aufgedeckt ward (vgl. Jahresber. VI, S. 134).
Das Grab hatte einen Hügel, welcher 90 Fuß lang, 20
Fuß breit und 2 bis 3 Fuß hoch war und 4 große Steinkisten
in sich faßte. Dieses Grab lieferte nun die vortrefflichsten
Urnen der Steinzeit, welche die Schweriner Sammlungen je
gewonnen haben. Die zuerst hier abgebildete Urne läßt
auf den ersten Blick erkennen, daß sie in der Form mit dem

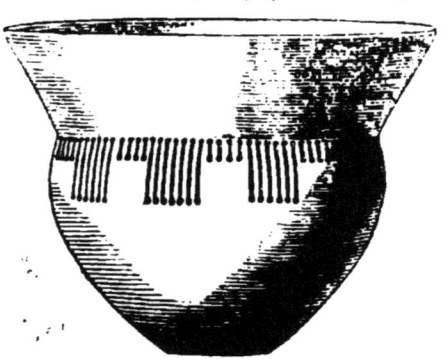

Halbe Größe.

mit dem Kruge aus dem Pfahl-bau von Wismar völlig gleich ist. Aber auch die Verzierungen sind gleich, denn eine zweite hieneben abgebildete, in demselben Grabe gefundene Urne hat auf dem Bau-che dieselben Li-nienverzierungen, wie der Wismar-sche Krug. Es stimmen also nicht nur die Formen dieser Gefäße, sondern auch die Verzierungslinien

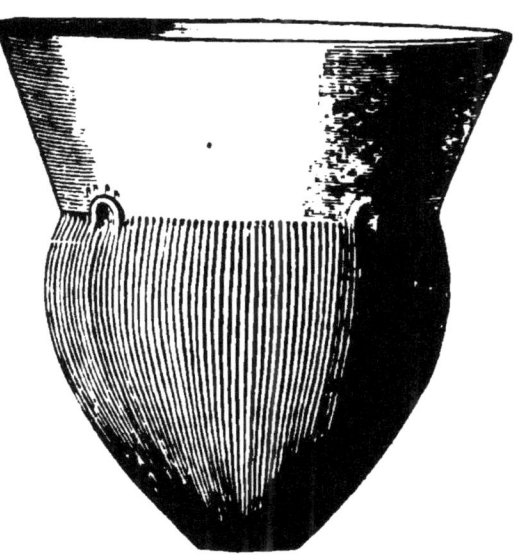

¹/₃ Größe.

und deren Führung ganz genau mit denen des Kruges aus dem Pfahlbau von Wismar überein. Auf dem Wismarschen Kruge stehen jedoch die Verzierungslinien gruppenweise. Auch dies findet sich in den Gräbern jener Zeit. In einem großen Hünengrabe von der-selben Bauart aus der Steinzeit zu Helm bei Wittenburg (vgl. Jah-resbericht V, S. 22 flgb.), welches 52 Fuß lang war, fand sich die hie-neben abgebildete, freilich anders geformte Urne, auf welcher die senkrechten Verzierungs-linien ebenfalls gruppen-weise angeordnet sind. Selbst die Führung der Verfertigungsweise der Linien ist gleich, indem sie alle am Bauchrande mit einem größern, vertieften

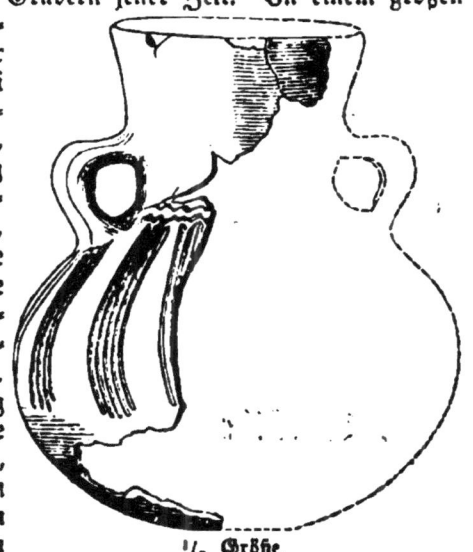

¹/₃ Größe.

Stich anfangen und nach unten hin in sanfterer Führung
verlaufen.

Diese Form und Verzierungsweise der Urnen ist
aber durchaus jener Zeit eigenthümlich, welcher die großen
Steingräber mit den lang gestreckten Hügeln ange-
hören. — Ganz gleiche Krüge finden sich in den dänischen
Gräbern der Steinzeit; vgl. Madsen Afbildninger af Danske
Oldsager.

Man kann also aus dieser Darstellung mit großer Sicher-
heit folgern, daß der Pfahlbau von Wismar auch dieser
Zeit angehört, oder daß die Menschen, welche den Pfahl-
bau von Wismar bewohnten, in den lang gestreckten
Hügelgräbern der Steinzeit beigesetzt wurden. Dieser
Krug giebt neben der Gestalt der Streitaxt den genügenden
Beweis für die hier ausgesprochene Ansicht.

Spindelsteine.

Spindelsteine aus Thon sind in den schweizerischen Pfahlbauten nicht selten. Auch in dem mecklenburgischen Pfahlbau
von Gägelow ward ein Spindelstein aus Thon gefunden,
welcher ganz das Gepräge eines hohen Alterthums hat: er ist
scheibenförmig und platt und sichtbar auf dem Finger gedreht (vgl. Abbildung Taf. IV. Fig. 3). Er gleicht ganz den
schweizerischen Würteln (vgl. Keller, Erster Bericht, Taf. III,
Fig. 14). In dem Pfahlbau von Wismar ist ebenfalls ein
Spindelstein aus feinem Thon, von Moder geschwärzt, gefunden, und zwar in der Nähe von Flachs und Geweben;
dieser ist dick und auf beiden Seiten kegelförmig auslaufend,
hat also einen jüngeren Charakter. Wäre dieser Würtel nicht
auf dem Seegrunde neben Flachs und Leinwand gefunden, so
würde man ihn auf den ersten Anblick für jüngern Ursprunges
halten können.

8. Geräthe aus Knochen und Horn.

In den schweizerischen Pfahlbauten werden kleine Geräthe
aller Art aus Knochen und Horn, wie Keilfassungen, Hämmer,
Meißel, Pfriemen, Nadeln, Hecheln u. a. m., häufig in großer

Menge gefunden, und aus den Mooren Dänemarks kommen grade nicht sehr selten knöcherne und hörnerne Geräthe zum Vorschein.

In den mellenburgischen Gräbern der Steinperiode war aber nie ein knöchernes Geräth bemerkt, und auch aus den Torfmooren waren nie andere Geräthe ans Licht gekommen, als vereinzelte Streitäxte aus Hirschhorn von unzweifelhaft sehr hohem Alter, jedoch in sehr geringer Zahl.

Auch in dem Pfahlbau von Wismar wurden lange Zeit äußerst wenige Geräthe aus Horn oder Knochen entdeckt und in dem Pfahlbau von Gägelow war kein einziges Stück gefunden. Die in der Schweiz zahlreichen Faffungen der Keile aus Hirschhorn fehlen in Mellenburg noch ganz; sie scheinen hier aus Holz gewesen zu sein (vgl. Jahrb. XXVI, S. 131). In den Pfahlbauten von Wismar wurden in den ersten Zeiten folgende Gegenstände gefunden, welche die Bearbeitung von Horn und Knochen zur Zeit des Pfahlbaues beweisen:

1 Hirschhorn, deffen Enden roh abgefeilt find und deffen Stange angespalten ist;

1 Hirschhornstange mit der Rose zu einer Axt vorbereitet und zugeschärft, jedoch noch nicht durchbohrt;

5 abgehackte Hirschhornenden, welche zu Geräthen theils bestimmt, theils benutzt find;

1 nur aus einer Spitze ohne alle Enden und Verbreiterungen bestehendes, langes, ganz grades Rehhorn, welches von Natur so gewachsen und am spitzen Ende so vollkommen abgeglättet ist, daß es ohne Zweifel zum häuslichen Gebrauche viel benutzt worden ist.

1 Haue aus Pferdeknochen. Der Knochen ist gespalten, der ganzen Länge nach an beiden schmalen Seiten künstlich zugespitzt und am obern breiten Ende zu einem großen runden Loche von 1¼ Zoll Durchmesser künstlich und regelmäßig durchbohrt, in der Mitte des Loches jedoch leider durchgebrochen. Das hieneben abgebildete Geräth ist jetzt 9 Zoll lang und oben 2 Zoll breit. Nach der Bestimmung des Herrn Professors Rütimeyer ist es von dem linken Schienbein eines Pferdes (Equus Caballus, tibia sinistra).

¹/₃ Größe.

4*

Als man aber im Nov. 1864 bis auf den Grund des ehemaligen Sees und der Moderschicht kam, wurden an einer Stelle zu wiederholten Malen neben Flachs, Leinwand, Leder und Baumfrüchten auch viele interessante Geräthe aus Knochen von sehr geschickter Arbeit in der Tiefe gefunden:

1 Kamm aus Knochen, sehr breit und dick; die Zähne, welche alle abgebrochen sind, sind wahrscheinlich sehr kurz ge-

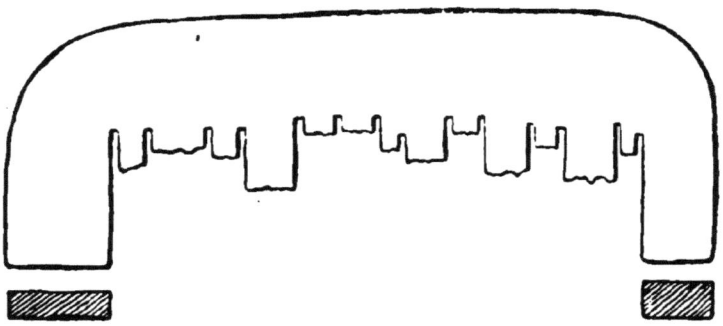

Halbe Größe.

wesen, und sind oben am Griffe alle von sehr verschiedener Breite. Der Kamm ist 7½ Zoll breit und jetzt 2⅔ Zoll hoch; die Dicke des Knochens geht von ¼ Zoll bis ⅝ Zoll. Der Knochen muß also von bedeutender Größe gewesen sein, da keine Markhöhle sichtbar ist. Der Kamm ist durch und durch ausgebrannt und alle unzähligen kleinen Gänge sind leer gebrannt, so daß nur noch das leichte, aber ziemlich feste, schwarz gebrannte Kalkgerüst vorhanden ist. Rütimeyer urtheilt über diesen Kamm, freilich nur nach einer Zeichnung und nach den mitgetheilten Maßen, brieflich also: „Ich kann mir nur ein „einziges Knochenstück denken, welches zu einem Geräth von „der Größe und Beschaffenheit, und zwar im hohen Grade „paßlich war, so daß ich kaum zweifle, das Richtige zu treffen: „es wird dieser große Kamm aus dem Unterkiefer eines Pferdes „gearbeitet sein.“

1 Kamm aus Knochen, 7½ Zoll breit und 2½ Zoll hoch (18 und 6 Centimetres). Dieser Kamm ist noch ziemlich vollständig gewesen. Er ist aber auf der untern Seite durchgebrannt, jedoch oben fast ganz erhalten, freilich äußerst zerbrechlich. Einige Zähne sitzen noch an dem Griffe, jedoch die meisten sind abgebrochen, aber alle noch zum größten Theile vorhanden. Die Zähne sind 1¼ Zoll (3¼ Cent.) lang und äußerst regelmäßig gearbeitet, für den Fall der Bearbeitung

mit Feuersteingeräthen bewundernswerth; der Kamm hat 2 breite Endzähne und dazwischen 25 schmale Zähne. Der Griff

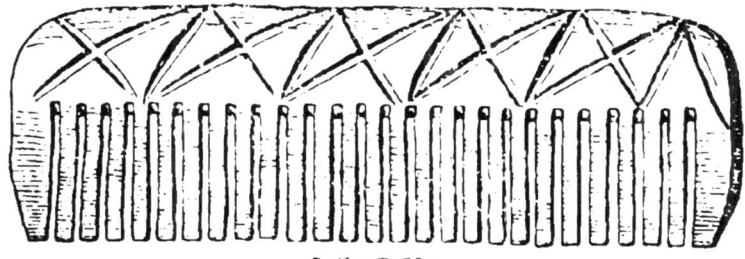

Halbe Größe.

ist mit eingegrabenen Schräge- und Kreuzlinien verziert, so daß die Verzierungen 5½ Rauten bilden, in deren jeder ein Kreuz steht. Diese Verzierung ist geschickt und sicher gravirt und zeugt, wie die Verzierung der Thonkrüge, dafür, daß die ehemaligen Besitzer richtigen Sinn auch für Schmuck hatten. Rütimeyer glaubt, daß auch dieser Kamm aus einem Unter- kiefer, vielleicht eines Rindes, geschnitzt sei, indem er zweifelt, daß ein solcher Kamm aus Hirschhorn verfertigt werden könnte.

    1 Kamm aus Knochen ebenfalls breit und kurz. Von diesem ist nur ungefähr die Hälfte des Griffes, 4 Zoll breit

Halbe Größe.

und 1½ Zoll hoch, vorhanden. Das Stück ist abgespalten oder abgebrochen, so daß von den Zähnen keine Spur mehr vor- handen ist. Das fehlende Ende ist durchgebrannt und abge- brochen, wie das eine äußerste Ende des Bruchstücks beweiset. Der vorhandene Rest ist nur ausgetrocknet, also während des Brandes in's Wasser gefallen. Der Knochen ist viel zarter, als der des großen Kammes, und nur ⅛ Zoll dick. Beide Seiten des Griffes sind mit unregelmäßigen, tief eingegrabenen Kreuzlinien verziert, wie die Abbildung zeigt. Diese Verzie- rungen sind offenbar eine rohe Nachbildung der Verzierungen des nächst voraufgehenden Kammgriffes.

    1 Kamm aus Knochen oder Horn, von derselben Ge- stalt, ist ganz in viele, äußerst kleine Bruchstücke zerfallen, von

benen nur ſehr wenige übrig ſind. Er iſt am Rande des Griffes mit einer Doppelreihe von eingegrabenen kleinen Puncten verziert geweſen.

1 Kamm aus Knochen, lang und ſchmal. Er iſt 7¼ Zoll lang, 1½ Zoll breit und ¼ Zoll dick und hat nur 3 lange und dicke Zähne von 3½ Zoll Länge, von denen der mittlere abgebrochen und verloren gegangen iſt. Der Griff hat in der Mitte ein durchbohrtes rundes Loch. Der ganze, hieneben abgebildete Kamm iſt ganz durch- und ausgebrannt und von ſehr leichtem Gewicht, und gleicht an Maſſe, Farbe und Anſehen ganz dem oben zuerſt beſchrieben großen, breiten und dicken Kamme ohne Verzierungen.

1 Kamm aus Hirſchhorn, dick, ſchmal und lang, dem ſo eben beſchriebenen ähnlich. Er iſt am Griffende durchbrannt und zerbrochen, ſo daß nur ein Stück vom Griffe und ein dicker Seitenzahn vorhanden iſt. Die Seitenflächen ſind außerordentlich regelmäßig und glatt geſchnitten und geſchliffen.

1 Falzbein (Netzſtricknadel?) aus Horn, zerbrochen, in Geſtalt eines flachen, dünnen, zugeſpitzten Werkzeuges, welches oben ¾ Zoll breit iſt und im Ganzen wohl zwiſchen 7 und 8 Zoll lang geweſen ſein mag. Am obern Ende iſt ein rundes Loch durchgebohrt. Das hieneben links abgebildete Werkzeug iſt ebenfalls ganz durchbrannt und noch in 2 Bruchſtücken vorhanden, welche zuſammen 6 Zoll lang ſind.

1 Falzbein aus Knochen, von gleicher Beſchaffenheit, oben durchbohrt, 5 Zoll lang, an der untern Seite mit den Markhöhlen durchbrannt.

3 Falzbeine aus Knochen, von gleicher Beſchaffenheit, 3 bis 4 Zoll lang und ¼ bis 1 Zoll breit, alle durchbrannt und zerbrochen; allen fehlt das Griffende.

Halbe Größe.

Halbe Größe.

1 Falzbein aus Horn, von gleicher Beschaffenheit, 3 Zoll lang, angebrannt und zerbrochen.

1 Harpune aus Hirschhorn, jetzt nach 6½ Zoll lang, ¼ Zoll breit, am Ende zugespitzt; beide Enden fehlen. Sie ist unten platt und oben hoch gewölbt und überall sehr regelmäßig und sauber gearbeitet. An einer Seite sind jetzt noch 3 Widerhaken sehr sauber ausgeschnitten, deren Tiefe durch eine regel= mäßig und fein eingegrabene Linie auf der gewölbten Seite bezeichnet ist. Wahrscheinlich ist unten noch ein Widerhaken vorhanden gewesen. Die Spitze ist dreieckig scharf zugespitzt und geschliffen; leider ist die äußerste Spitze abgebrochen. Das Werkzeug ist ebenfalls durchbrannt, jedoch noch ziemlich gut er= halten, aber spröde. Ganz gleiche Harpune finden sich auch in Skandinavien; vgl. Nilsson a. a. O., Taf. XIII, Fig. 157.

1 Taschenbügel (?) aus Hirschhorn (?). Dieses Geräth ist eine grade, sehr wenig geschweifte Hirschhornplatte, jetzt 7½ Zoll lang und 1¼ Zoll breit (18 und 3 Centimetres). Die beiden Enden fehlen, so daß das Geräth noch viel länger gewesen sein kann; jedoch ist es noch ziemlich erhalten, da es nur ange= brannt ist. Auf der obern, glatten, etwas gewölbten Fläche ist es mit ein= ½ Größe. gegrabenen runden Linien verziert, so daß die Oberfläche schuppig erscheint. Die Bestimmung der Anwendung dieses Geräthes ist sehr schwierig, da sich keine Anwendung errathen zu lassen scheint. Ich glaube, daß es ein Taschenbügel sein soll, ähnlich dem, welcher im Meerbusen von Wismar gefunden und unten beschrieben ist. Der= gleichen sollen in Dänemark in Gräbern der Steinperiode gefunden und bei den Lappen noch jetzt in Gebrauch sein.

1 gespaltener Knochen zur Verfertigung eines Geräthes, an einem Ende sehr regelmäßig und glatt abgeschnitten oder abgesägt.

Halbe Größe.

9. Leder.

Mit Steinbrucktafel III.

Keller äußert sich (Vierter Bericht S. 22—23) über Leder in den schweizerischen Pfahlbauten folgendermaßen: „Leder „besitzen wir über diesen Theil der Ausrüstung der Pfahl-„baubewohner nur äußerst spärliche Andeutungen, da-„das Leder durch die Hitze durchaus verändert und im Wasser „aufgelöset wird [1]). Dennoch haben sich unter der Verlassen-„schaft der Urbewohner, welche im Seeschlamme eingebettet „liegt, eine Anzahl Lederstücke vorgefunden, deren Bestimmung „zwar nicht zu ermitteln ist, die uns aber eine neue Thatsache „liefern, nämlich, daß den Ansiedlern eine gewisse Art der „Zubereitung des Leders, wodurch die Thierhaut biegsam und „dauerhaft gemacht wurde, nicht unbekannt war, daß mithin „die ersten Elemente des Gerbens schon auf den Pfahlbauten „Anwendung fanden."

Auch in dem Pfahlbau von Wismar hat sich ein großes Stück Leder gefunden, welches verkohlt und daher sehr spröde und in viele Stücke zerbrochen ist. Alle Bruchstücke sind äußerlich durch Rauch geschwärzt, welcher noch leicht und stark abfärbt, vielleicht von verbranntem Fett. Das Leder ist sehr fein, rein und regelmäßig und auf einer Seite mit eingedrückten, feinen, schön geschwungenen Linien verziert, welche in der Ab-bildung eines Bruchstückes auf der Steinbrucktafel III, Fig. 3, ganz getreu wiedergegeben sind. Der Herr Professor Heer in Zürich erklärt es ebenfalls für verkohltes Leder. Die Verwendung dieses Leders läßt sich nicht mehr ermitteln, da die Stücke, zu denen gewiß noch viele fehlen, zu klein sind.

10. Pflanzenreste.

Mit Steinbrucktafel III.

In vielen Pfahlbauten der Schweiz werden große Massen von Ueberresten aus dem Pflanzenreiche gefunden. Vor-züglich häufig sind Getraidesorten, Waizen und Gerste, in

---

[1]) Bei Mainz sind bekanntlich römische Sandalen aus Leder in großer Zahl gefunden.

großen Vorräthen, gedroschen und in vollständigen Aehren, immer durch Brand verkohlt, ferner Aepfel, wilde und „Cultur-Aepfel" (oder besser: kleine und größere), in großer Menge, ebenfalls immer verkohlt, auch Birnen, diese jedoch selten. Eben so sind verkohlte Niederlagen von Flachs und mancherlei Gewebe sehr verschiedener Art aus Flachs entdeckt. Von wild-wachsenden Pflanzen sind Haselnüsse und Wassernüsse (Trapa natans) sehr häufig. Außerdem finden sich oft auch Ueberreste von andern Pflanzen, namentlich Sämereien mancher Art. Man kann aber annehmen, daß sich Haselnüsse in allen Pfahlbauten, wenigstens der Steinperiode, finden.

Haselnüsse.

In den mecklenburgischen Pfahlbauten finden sich ebenfalls immer Haselnüsse, welche auch zu den ziemlich sichern Leitern zu Pfahlbauten gehören. Freilich sind die Haselnüsse nicht immer ganz zuverlässige Anzeichen eines Pfahlbaues; denn es finden sich an den Rändern der Gewässer und Moore oft große Massen von Haselnüssen, die von den Sträuchen, welche ehemals an den Ufern standen, in's Wasser gefallen und geweht sind. Aber wenn sich in Mooren in einiger Ent-fernung vom Ufer, wo früher im Wasser keine Haselsträuche gestanden haben können, alte Pfähle und neben diesen in der Tiefe Haselnüsse und geknackte Haselnußschalen finden, welche nur von gesammelten Vorräthen stammen können, so kann man schon mit großer Wahrscheinlichkeit annehmen, daß hier mensch-liche Wohnungen gestanden haben. Die Haselnüsse finden sich dann immer tief im Grunde neben andern Alterthümern und sind durch andere, schwerere Gegenstände hinuntergedrückt; sonst würden sie im Wasser oben geschwommen haben. Die Hasel-nüsse der Pfahlbauzeit liegen immer in der sogenannten „Cultur-schicht", wie die Schweizer sagen, d. h. bei den übrigen Ueber-resten der Pfahlbauten.

In den Pfahlbauten von Wismar, welche nicht nahe am Ufer liegen, wurden auch ununterbrochen viele Hasel-nüsse gefunden, die meisten nicht aufgeknackt. Derselbe Fund ward auch in dem Pfahlbau von Gägelow gemacht, und auch in dem Sühring-Moor bei Bützow wurden Haselnüsse bei steinernen Alterthümern gefunden.

Andere Ueberreste aus dem Pflanzenreiche wurden in den mecklenburgischen Pfahlbauten lange Zeit nicht gefunden, da sie

wegen der Tiefe, Näſſe und Schwärze des Mobers nicht erkannt wurden. Auch in dem Pfahlbau von Meilen am Zürcher
See wurden bis jetzt keine andern Pflanzenreste als Haſelnüſſe
gefunden: „Der einzige hier entdeckte Gegenstand aus dem
„Pflanzenreiche, der als Koſt benutzt wurde, ſind Haſelnüſſe,
„die in ſehr großer Menge zum Vorschein kamen. Sie waren
„nicht etwa zugeschwemmt, da ſie in der eigentlichen Cultur-
„ſchicht gefunden wurden;“ vgl. Keller a. a. O. I. S. 80.
In den neueſten Zeiten hat man jedoch bei größerer Erfahrung,
Aufmerkſamkeit, Ruhe und Unverdroſſenheit an vielen Orten
der Schweiz ſehr belohnende Entdeckungen gemacht. Verkohlte
Aepfel werden hier ſehr zahlreich gefunden; ſo fand ich ſelbſt
in dem Pfahlbau von Robenhauſen auf einer kleinen Stelle in
der Zeit von kaum einer Stunde über ein Dutzend Aepfel.

Auch in dem Pfahlbau von Wismar ſollte ſich endlich die
Ausdauer belohnen. Nachdem ein halbes Jahr lang geforſcht
war, fanden ſich in der Tiefe auf dem Seeboden die Dinge,
welche in der Schweiz zu den vorzüglichſten Merkmalen der
Steinperiode gehören. Es mag ein Frauenzimmerwinkel
in dem Pfahlhauſe geweſen, der beim Brande des Hauſes un-
geſtört in die Tiefe geſunken iſt; denn es fanden ſich hier
Kämme, Netznadeln, Glättbeine, Flachs, Leinewand, feines Leder,
Obſt und anderes neben einander.

Flachsgeflechte.

Der Bau und die Benutzung des Flachſes reicht bis in
die früheſten Zeiten der menſchlichen Bildung zurück und wird
in der Schweiz in den Pfahlbauten, welche noch der Steinperiode angehören, oft gefunden, ſowohl unverarbeitet in Bün-
deln, als auch zu mancherlei Geflechten und Geweben verarbeitet. Keller hat die Beobachtungen über den Flachs in der
Schweiz im Vierten Bericht ꝛc., 1861, S. 18 flgb., zuſammen-
gefaßt und berichtet darüber: „Der gefundene Flachs gehört
„nach dem Urtheil aller Sachverſtändigen zu derjenigen Sorte,
„die unter dem Namen des kurzen Flachſes ziemlich häufig
„im nordweſtlichen Theile der Schweiz gebauet wird. Dieſe
„kleinere Art erreicht auch im beſten Boden nicht die Höhe des
„großen; ihre Vorzüge beſtehen aber darin, daß ſie feinere
„Faſern liefert, ſich beſſer mit dem Klima verträgt und vom
„Winde nicht umgeworfen wird.“ Nach den Beobachtungen
des Arztes Herrn Dr. Stitzenberger zu Conſtanz iſt der Flachs

„nicht der Flachs unserer heutigen Landwirthe, sondern der so-
„genannte ausdauernde Lein (Linum perenne L.), welcher in
„Süddeutschland auf sonnigen Hügeln, sandigen Feldern, so
„wie in Wäldern heute noch wild wächst. Aus ihm bereitete
„unser Urvolk seinen Faden, seine Netze, seine Kleider." (Con-
stanzer Zeitung, 1864, Sept. 14, Nr. 209). — Der Flachs
ward schon zur Steinzeit sorgfältig gehechelt und geschwungen;
man hat sehr gute Hecheln aus vorzüglich schön zugespitzten
und polirten Thierrippen gefunden.

Die einfachste Art des Gewebes, welches eigentlich nur
ein Geflecht bildet, ist in mehrern schweizerischen Pfahlbauten
gefunden. Es sind glatte, nicht gedrehte oder gezwirnte Stränge
von gehecheltem Flachs, ungefähr ⅛ Zoll oder ¼ Centimetre
dick, senkrecht parallel dicht neben einander gelegt; queer durch
sind in gewissen gleichmäßigen Entfernungen gleiche Stränge
wagrecht geschürzt, welche die senkrechten Stränge zusammen-
halten. Diese Geflechte konnten als Decken, Röcke und Um-
hänge benutzt werden. Solche Geflechte sind in den der Steinzeit angehörenden schweizerischen Pfahlbauten von Wangen und
Robenhausen gefunden und von Keller im Zweiten Bericht
Taf. I, Fig. 23 und S. 146, Dritten Bericht Taf. VI, Fig.
18 und 19 und S. 106 und 116, und Vierten Bericht Taf. IV,
Fig. 5 und S. 19, auch von Staub Taf. V, Fig. 2 abgebildet. Bei den schweizerischen Geflechten dieser Art liegen
die verknüpfenden Queerstränge ungefähr ⅜ Zoll (1 Centimetre)
auseinander.

Auch in dem Pfahlbau von Wismar sind tief auf dem
Grunde ganz gleiche Geflechte von sehr feinem Flachs
gefunden, nach dem Urtheil der Herren Professoren Keller und
Heer in Zürich, und hiezu auf Steindrucktafel III, Fig. 1,
abgebildet. Die Queerstränge liegen aber weiter auseinander,
nämlich gegen 2 Zoll (ungefähr 4½ Centim.). Gleich weit
geflochtene Arbeiten sind aber auch in dem der Steinzeit angehörenden Pfahlbau von Wangen gefunden und für die
Sammlungen zu Schwerin erworben. Diese einfache Flecht-
arbeit möchte am meisten für die Gleichzeitigkeit der nördlichen und südlichen Pfahlbauten und für die weite Verbreitung der einfachsten und eigenthümlichen Bearbeitungsweise
Zeugniß geben.

Im Wismarschen Pfahlbau ist ein Stück von ungefähr
12 Langsträngen Breite und zwischen 2 Queersträngen Höhe
gefunden worden. An den Enden der Langstränge sind noch
deutlich die Schürzungen der Queerstränge zu erkennen.

Leinewand.

Das Urvolk der Steinzeit verstand aber nicht allein, die Fasern des Flachses zu gewinnen und zu flechten und zu drehen; es verstand auch Flachs zu spinnen und Leinwand zu weben. Das häufige Vorkommen der thönernen Spindelsteine beweiset die Kenntniß des Spinnens, und die Auffindung von Leinewand zeugt für den Gebrauch des Webestuhls, dessen Erfindung in die Urzeit zurückreicht. Keller hat im Vierten Bericht S. 19 flgd. über das Vorkommen in der Schweiz umständlich Bericht erstattet und auch einen einfachen Webstuhl dargestellt. Es ist in der Schweiz sehr häufig Leinewand, und zwar in verschiedenen Mustern, in den Pfahlbauten gefunden.

Auch in dem Pfahlbau von Wismar sind mehrere ziemlich große Stücke von Leinewand von dicken gesponnenen Fäden gefunden, abgebildet auf der Steindrucktafel III, Fig. 2, welche zwar grob und einfach (mit rechtwinklig sich durchschneidenden Fäden), aber fest und ziemlich regelmäßig ist; die Fäden sind offenbar gedreht, also gesponnen, wie sich aus einzelnen Stücken klar erkennen läßt, obgleich dies in der Abbildung nicht angegeben ist.

Obst.

Bekanntlich werden in den Pfahlbauten der Schweiz verkohlte Aepfel sehr häufig gefunden, Birnen selten. In dem Pfahlbau von Wismar wurden neben dem Flachs, der Leinwand und den knöchernen Kämmen auch ungefähr 12 Rinden gefunden, welche einer Frucht angehören müssen. Sie sind geöffnet, wahrscheinlich der Länge nach durchschnitten, ungefähr 1½ Zoll (3 Centim.) lang und in der Mitte über 1 Zoll breit oder dick, auf der Oberfläche glatt und glänzend, hin und wieder in kleinen runden Stellen ein wenig eingedrückt und auf der Innenseite rauh und faserig. Ich kann in diesen Ueberresten nur Birnen erkennen. Sie laufen nach unten in eine Spitze aus, welche über den Stengel gefaßt hat, und sind hier scharf abgeschnitten; man kann dies an einigen Exemplaren noch deutlich sehen. Der Herr Professor Heer in Zürich, welcher ein Stück in noch frischem Zustande untersucht hat, erklärt es für „die Rinde oder Haut einer Pflanze, welche mit Pilzen behaftet war," entscheidet sich aber nicht weiter.

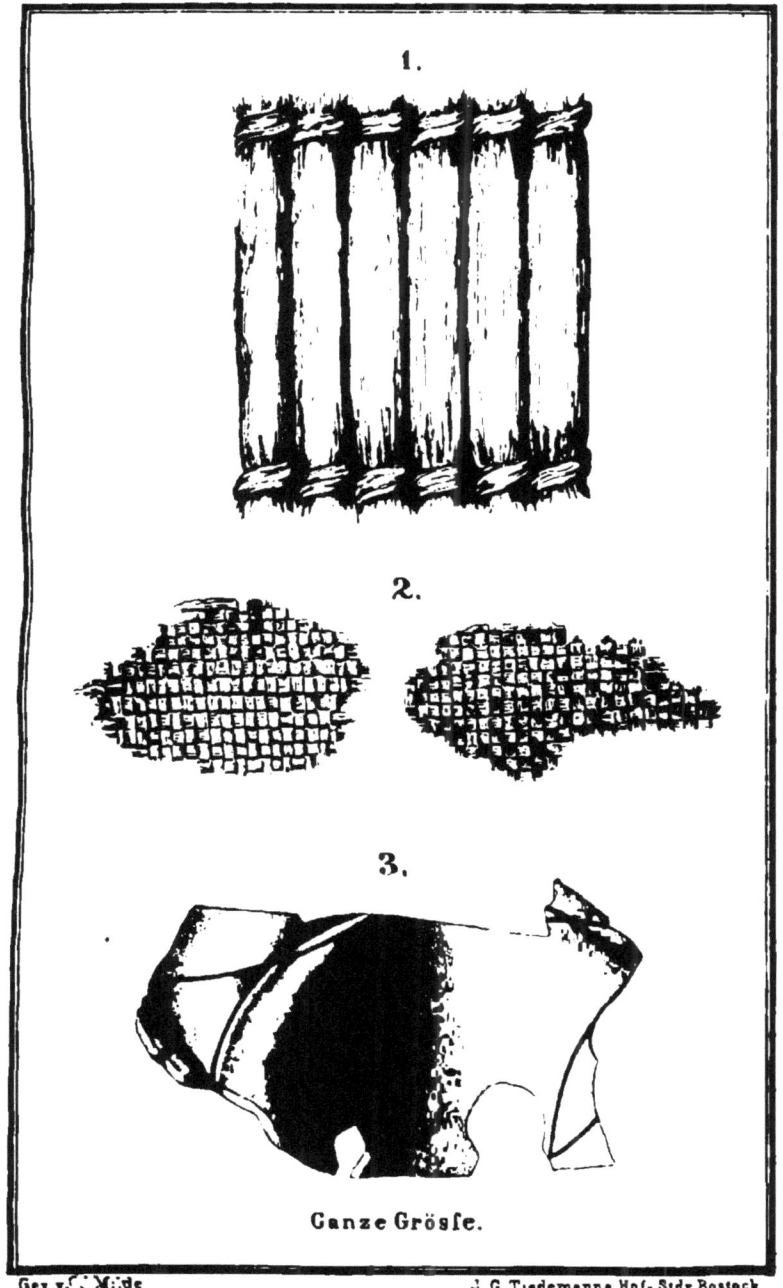

1.

2.

3.

Ganze Grösse.

Gez. v. ... Milde   J. G. Tiedemanns Hof- Stdr Rostock.

11. Thierknochen.

In dem Pfahlbau von Wismar finden sich zahlreiche Thierknochen, fast alle von jetzt noch bekannten Hausthieren oder jetzt noch lebenden wilden Jagdthieren. Die meisten der größern Knochen sind zerschlagen, um die Fleischstücke in die Kochtöpfe bringen und vielleicht auch gelegentlich das Mark herausholen zu können; es sind aber auch Knochen zerschlagen, welche keine Markhöhlen haben, z. B. die Beckenknochen. Manche Knochen sind auch von Thieren (Hunden) angenagt. Alle Knochen, mit einigen Ausnahmen, sind dunkelbraun oder schwärzlich gefärbt und sind im äußern Ansehen vollkommen den Knochen in den schweizerischen Pfahlbauten gleich. Alle Knochen haben, freilich nach den Thiergattungen verschieden, noch Fettgehalt und lassen sich blank reiben, am wenigsten die Hirschknochen. (Dagegen zeigen fossile Knochen und Hörner, welche muthmaßlich älter sind, als die Pfahlbauten, keinen Fettgehalt mehr, sondern erscheinen weiß an Farbe. Die Knochen, welche viel jünger sind als die Pfahlbauknochen der Steinperiode, erscheinen dagegen nur dunkelgelb.) Von hellerer Farbe sind in dem Pfahlbau von Wismar nur die Pferdeknochen und Hundeschädel, also grade diejenigen, welche eine spätere Beimischung sein können und vielleicht nicht mehr zu den alten Pfahlwohnungen gehören.

Der Herr Professor Dr. Rütimeyer zu Basel, unser correspondirendes Mitglied, hat sämmtliche Knochen im Hause gehabt und die große Mühe der Bestimmung übernommen. Einzelne Urtheile sind auf Wunsch des Herrn Rütimeyer von dem Herrn v. Nathusius zu Hundisburg und dem Herrn Professor Dr. Blasius zu Braunschweig eingeholt.

Sämmtliche bisher aufgefundene Knochen des Pfahlbaues sind folgende.

Säugethiere.

Rind (Bos taurus).

In dem Pfahlbau von Wismar sind bisher an Ueberresten vom Rinde gefunden:

5 einzelne Hörner, alle gleich, alle von der Stirn abgeschlagen, theilweise mit einem Stück vom Schädel, eines da-

von etwas heller an Farbe (ein ganz gleiches Horn ward auch in dem nahen, gleichzeitigen Pfahlbau von Gägelow gefunden; vgl. Jahrb. XXIX, S. 125—126);

7 Zähne;

4 Rippen, zerschlagen;

2 Schulterbeine, klein, zerschlagen;

16 Beinknochen, mit einzelnen Ausnahmen alle zerschlagen;

1 Unterkiefer, von einem Kalbe, zerschlagen.

Ueber das Rind im Pfahlbau von Wismar äußert sich Rütimeyer brieflich, wie folgt: „Alle 5 Hornzapfen, so wie „die Fußknochen gehören zu derselben Form von Rindvieh, „wie die früher untersuchten Ueberreste aus dem Pfahlbau von „Gägelow (Jahrb. XXIX, S. 126). Sie gehören sämmtlich „einem Hausthiere an, das vorwiegend mit den noch heute „längs der ganzen Küste der Nord- und Ost-See verbreiteten „Schlägen der Primigenius-Race übereinstimmt, aber auch „Spuren von Einfluß unserer heutzutage hauptsächlich in der „Schweiz rein vertretenen Frontosus-Form an sich trägt. „Unter heutigen, mir bekannten Schlägen möchte ich zunächst „diejenigen vom Westerwald und Vogelsberg als diejenigen be- „zeichnen, denen das Rind von Wismar am nächsten stand."

Schaf (Ovis aries).

Vom Schafe fanden sich bis jetzt 4 Beinknochen und 1 Schulterbein.

Außerdem fand sich ein Bruchstück eines rechten Stirnbeins mit zwei Hörnern, also von einem vierhörnigen Schafe.

Ich sandte das beachtungswerthe Bruchstück an den Herrn Professor Dr. Rütimeyer zu Basel, welcher es auch genau bestimmte. Dieser äußerte aber dabei den Wunsch, daß ich diese Seltenheit dem Herrn Hermann v. Nathusius zu Hundisburg, dem besten Kenner der Schafracen, vorlegen möchte, um zu einer klaren Ansicht über diesen Gegenstand zu gelangen. Rütimeyer bemerkt bei dieser Gelegenheit, daß sich auch in den irischen Crannogs Ueberreste von vierhörnigen Schafen finden.

Ich bin mit Freuden dem Rathe Rütimeyer's gefolgt und Herr v. Nathusius hat die Güte gehabt, eine sehr ausführliche Beurtheilung einzusenden, aus welcher ich folgenden Auszug mittheile, indem ich dabei bemerke, daß auch nach dieser Beurtheilung der Pfahlbau von Wismar in eine verhältnißmäßig junge Zeit der Steinperiode fällt.

„Der in den Pfahlbauten von Wismar gefundene Knochen „ist ein Bruchstück des rechten Stirnbeins von einem Haus- „schaf; es stehen auf demselben zwei sogenannte Hornfort- „sätze, das Thier war also, unter Voraussetzung symmetrischer „Bildung des Kopfes, vierhörnig."

„Das Knochenstück ist, abgesehen von den näher zu be- „schreibenden Hornknochen, 64 M. M. in seiner größten Aus- „dehnung lang und 51 M. M. breit. — Der dem linken „Stirnbein zugekehrte Rand ist so gut erhalten, daß die Zähne „der Stirnnath deutlich zu erkennen sind; in Folge dieser Er- „haltung der Stirnnath wird klar, daß die Stirn hoch ge- „wölbt ist, d. h. daß die Hörner auf einem hoch aufge- „triebenen Stirnhöcker stehen. — — — Es ist ein kleiner „Theil der Augenhöhle erhalten, ein unregelmäßiges Oval von „17 M. M. Längen- und 13 M. M. Queerdurchmesser bildend; „der Augenhöhlenrand ist verletzt. — — —"

„Die beiden Hornzapfen stehen, im Gegensatz zu der Bil- „dung bei vierhörnigen Ziegen, so neben einander, daß die ge- „meinschaftliche Axe ihrer Basis annähernd rechtwinklig zur „Längenaxe des Kopfes verläuft."

„Der der Stirnnath zunächst stehende Hornzapfen ist ohne „Hinzurechnung der ein wenig verletzten Spitze in seiner Höhen- „axe 153 M. M. hoch. — — —"

„Der größte Durchmesser des Hornzapfens an der Basis „mißt 49 M. M., nämlich derjenige, welcher annähernd recht- „winklig zur Stirnnath steht. — Der untere Rand der Basis „nähert sich bis auf ungefähr 8 M. M. der Stirnnath, so „daß, wenn wir ein entsprechendes Horn des linken Stirnbeins „voraussetzen, die beiden mittleren Hörner an ihrer Basis so „nahe gestanden haben, daß sich die Hornscheiden beinahe be- „rühren mußten. Die Spitze des Hornzapfens würde, wenn „man eine Construction des Schädels nach dem vorliegenden „Fragment versucht, ungefähr 110 M. M. von dem Perpen- „dikel der Stirnnath nach außen abgestanden haben; es ergiebt „sich hieraus eine vergleichsweise sehr steile Stellung des „Hornes in diesem Sinne."

„Dieser Hornzapfen ist der Art in seinem Körper ge- „wunden, daß er in seiner ganzen Länge nicht voll den vierten „Theil einer Schraubenwindung beschreibt. Wenn man die „von Blasius eingeführte Terminologie annimmt, ist das „rechte Horn im Raume rechts gewunden."

„Nach den jetzt den Zoologen geläufigen Annahmen, welche „sich auf die Untersuchungen von Blasius stützen, begründet „die eben erwähnte Richtung der Hornwindung eine typische

„Differenz der verschiedenen Formen der wilden Schafe. Bei
„den mehrhörnigen Hausschafen treten Schwankungen
„der Form auf, welche den Beweis liefern, daß unter Um-
„ständen die Richtung der Hornwindung variabel ist; ich habe
„den Schädel eines vierhörnigen Schafes aus Afghanistan
„vor mir, an welchem die correspondirenden Hörner der ent-
„gegengesetzten Seiten nicht in demselben Sinne gewunden sind.
„Es ist wahrscheinlich, daß solche Differenzen nur dann auf-
„treten, wenn durch die Theilung der Hornzapfen mehrere
„Hörner entstehen; diese sind alsdann fast immer asymmetrisch
„und in mehrfachem Sinne verschieden. Hiernach scheint es
„geboten, auf die oben beschriebene Richtung der Hornwindung
„des vorliegenden Schafes aus den Pfahlbauten, welche auf
„den ersten Blick eine auffallende Differenz im Vergleich zu
„der normalen Hornform der meisten Hausschafe darbietet,
„nicht zu großes Gewicht zu legen.“

„Der zweite Hornzapfen steht, wie schon erwähnt in der
„Art neben dem ersten, daß die Linie, welche durch die Mitte
„der Basis beider gedacht wird, die Längenaxe des Kopfes
„fast rechtwinklig schneidet. Das zweite Horn steht so dicht
„an dem ersten, daß sich dieselben an der Basis beinahe be-
„rühren. Das Nebenhorn ist an seiner Basis im Queerschnitt
„unregelmäßig vierseitig. — — Die Basis mißt im größten
„Durchmesser 29 M. M., im kleinsten 25 M. M.; die Höhe
„dieses zweiten Hornzapfens, im Perpendikel von der Spitze
„zur Basis gemessen, beträgt 98 M. M. Der Zapfen bildet
„einen schwachen Bogen, er steht vom Kopfe ab, zuerst auf-
„steigend, dann mit der Spitze nach unten und etwas nach
„hinten gerichtet.“

„An diesem Nebenhorn ist nur in schwacher Andeutung
„eine Windung in der Ebene bemerkbar, es verläuft diese aber in
„einer der Windung des Haupthorns entgegengesetzten Richtung;
„die Spitze des Horns ist nach unten und vorn gerichtet. Es
„ist zu beachten, daß dies nicht im Widerspruch steht mit der An-
„gabe, daß der Hornzapfen im Ganzen nach hinten gerichtet ist.“

„Es ist noch zu erwähnen, daß beide Hornzapfen an ihrer
„Basis deutlich von dem Stirnbein durch einen aufgetriebenen
„und rauhen Knochenrand abgesetzt sind, wie es bei starken
„Hörnern vieler Formen des Hausschafes gewöhnlich ist. Auch
„hat das ganze Knochenstück jenes dichte Gefüge und die be-
„deutende specifische Schwere, wie man beides bei dem Schaf,
„im Gegensatz zur Ziege, stets findet.“

„Was ergiebt sich nun aus dem Vergleich dieses Knochen-
„stücks mit den bekannten jetzt lebenden Schafracen?“

„Es sei zuerst erwähnt, daß das Schaf, von welchem
„dieser Knochen übrig blieb, ein altes, männliches Thier
„war, jedenfalls nicht ein Hammel, wie sie jetzt bei verschie-
„denen Völkern den größten Theil der Schafbestände zu bilden
„pflegen. Es ergiebt sich dies unzweifelhaft aus der robusten
„Bildung der Hornzapfen. — — —"

„Wir kennen mehrere Schafracen in denen mehr oder
„weniger regelmäßig und häufig vier Hörner vorkommen."

„Das nordische, kurzschwänzige Schaf ist zuweilen vier-
„hörnig; eben so eine über einen großen Theil von Mittel-
„europa verbreitete lang= und wollschwänzige Form des gehörn-
„ten Schafes. Es sind Formen der Zackelgruppe mit mehreren
„Hörnern bekannt, und sehr häufig kommen solche bei dem
„Hunia-Schafe Tibets vor, welches dem nordischen kurzschwän-
„zigen Schafe sehr nahe verwandt ist. Es kommen ferner
„Formen des fettschwänzigen Schafes mit vier Hörnern vor,
„wie z. B. eine solche von Youat (Sheep 141) aus Cypern
„abgebildet ist. Besonders häufig ist Vielhörnigkeit bei dem
„fettsteißigen Schafe, welches weit verbreitet unter den asiatischen
„Steppenvölkern lebt, und mit welchem wir durch Pallas
„genau bekannt geworden sind. Ferner kommt eine, wenn auch
„nicht vollkommene, Theilung der Hörner nicht selten bei der
„Merinogruppe vor, welche in unserer Zeit eine weite Ver-
„breitung über die ganze Erde gefunden hat und in ihrem
„nähern Ursprung auf die westasiatischen und nordostafrikanischen
„Steppenländer zu deuten scheint."

„Demnach giebt der Umstand, daß mehr als zwei Hörner
„vorhanden sind, an und für sich keinen Nachweis über die
„Zugehörigkeit der Race."

„Von allen vorhandenen Abbildungen gleicht die in Gar-
„dens and Menagerie of the zoological Society, London,
„1831, p. 263, gegebene eines vierhörnigen Schafes der Form
„am meisten, welche wir aus dem Wismarschen Knochenstück
„construiren können, es war jedoch die Spitze des rechten obern
„Hornes nach hinten oder innen gebogen, nicht wie jene Ab-
„bildung zeigt nach vorn und außen. Bennet giebt die
„Heimath jenes Schafes nicht an, doch ist es wohl unzweifel-
„haft nordeuropäischen Ursprungs. Es liegt mir aber
„unter andern der Schädel eines vierhörnigen tatarischen
„Schafes vor, welcher dem aus den Pfahlbauten ähnlich ist."

„Zu einer Feststellung der Identität des vierhörnigen
„Pfahlbautenschafes mit irgend einer andern bekannten Form
„genügt aber das Knochenstück nicht, es müßten dazu mehr
„charakteristische Theile des Schädels vorhanden sein."

„So weit unsere Kenntniß von den Hausschafen bis jetzt
„reicht, finden wir nirgends in den verschiedenen Racen, unter
„welchen vierhörnige Schafe vorkommen, bestimmte oder con-
„stante Formen der Hornbildung, es ist auch bis jetzt keine
„Race bekannt, in welcher regelmäßig oder immer
„mehr als zwei Hörner auftreten; es erscheint überall
„die Theilung der Hörner als eine abnorme Wuche=
„rung, welche, wie man wohl sagen darf, physiologisch Be-
„ziehung zu der auf gesteigerte Haar= und Hornbildung ge=
„richteten Eigenthümlichkeit des Hausschafes hat. Es spricht
„sich das Anormale der Theilung der Hörner besonders deut=
„lich in dem Umstand aus, daß selten die Hörner beider Kopf-
„seiten symmetrisch angeordnet oder gleich groß sind, und daß
„die verschiedenen Individuen derselben Heerde verschieden ge-
„stellte und gerichtete Hörner haben."

„Dieses Verhalten führt uns zu einer Ansicht, welche viel-
„leicht von einiger Bedeutung für die Pfahlbaufrage ist."

„Man findet oft die Auffassung, daß wir mit dem Be-
„kanntwerden der Pfahlbauten einen großen Schritt gethan
„haben zur Annäherung an die Kenntniß sogenannter Urzu=
„stände der Menschen; mag nun aber die Zeit zwischen den in
„bestimmten Jahreszahlen ausdrückbaren Geschichtsperioden und
„dem Zeitalter der Pfahlbauten noch so groß sein, so liegt
„dieses letztere doch immer noch unmeßbar weit ab von An-
„fängen der Menschengeschichte. Ohne das Gebiet zu verlassen,
„auf welches uns das vierhörnige Schaf der Pfahlbauten führt,
„möchte ich in dieser Beziehung nur ein Bedenken vorlegen."

„Alle wilden Thiere, welche der Ordnung der hohlhörnigen
„Wiederkäuer angehören, haben, wenn sie nicht hornlos sind,
„zwei symmetrisch gestellte und gebildete Hörner; vierhörnige
„sind nicht bekannt. Es ist demnach die Vermehrung der
„Hörner bei dem Hausschafe (und der Ziege) das Pro-
„dukt der menschlichen Cultur. Ist nun das Hausschaf
„aus einem wilden Schaf entstanden, dann gehörte eine lange
„Zeit dazu, das Thier so auszubilden, daß die Hornwuche=
„rung auftreten konnte. Wir dürfen dies daraus schließen,
„daß bisher noch bei keinem in der Gefangenschaft gehaltenen
„und gezüchteten Thier eine ähnliche Gestaltung vorgekommen
„ist. Demnach ist die Anschauung nicht gerechtfertigt, nach
„welcher die Menschen das Schaf erst neuerdings domesticirt
„hatten, als sie in den Pfahlbauten lebten."

„Es bleibt mir schließlich noch übrig auf einen Umstand
„aufmerksam zu machen. An dem Knochenstück zeigen zwei
„Stellen Spuren von einer alten Bearbeitung mit einem

„ſchneidenden Inſtrument oder einem Reib= oder Schleifſtein.
„An dem Uebergang des Nebenhorns in das Scheitelbein iſt
„eine wahrſcheinlich ſcharf geweſene Kante abgeflacht, ebenſo
„ſind Bruchſtellen des Knochens hinter der Augenhöhle künſt=
„lich geebnet. Das ganze Knochenſtück bildet einen
„Haken, welcher wohl zu manchen Zwecken als Hand=
„geräth gebraucht ſein kann; an manchen Rudern für kleine
„Kähne und Fußſchiffe iſt z. B. jetzt ein Haken zum Heran=
„ziehen des Fahrzeugs an das Ufer angebracht, welcher die
„Form dieſes doppelten Schafhorns hat. Dieſe Form und
„jene Spuren einer rohen Bearbeitung laſſen die Möglichkeit
„denken, daß das in den Pfahlbauten von Wismar ge=
„fundene Bruchſtück als Geräth gebraucht ſei. Es iſt auch
„daran zu erinnern, daß dieſer Schädeltheil nicht in vorlie=
„gender Art zu Nahrungszwecken geöffnet iſt, weil in den offen
„gelegten Stirnhöhlen Knochenmark nicht zu ſuchen war, welchem
„die Pfahlbaubewohner bekanntlich überall nachſtellten. Iſt
„jenes der Fall, ſo müßte man auch darauf Bedacht nehmen,
„daß das Knochenſtück möglicherweiſe von weit hergebracht ſein
„kann und deshalb vielleicht nicht auf die Haltung vierhörniger
„Schafe in den Pfahlbauten ſelbſt hinweiſt, wie man glaubt,
„von den Nephritkeilen auf eine Einwanderung oder auf Ver=
„kehr mit entfernten Gegenden ſchließen zu können. Es muß
„wenigſtens ſo lange an dieſe Möglichkeit gedacht werden, bis
„etwa durch zahlreiche ähnliche Funde nachgewieſen wird, daß
„dieſes Stück nicht von iſolirtem Vorkommen iſt.“

Ziege (Capra hircus).

1 Horn der Hausziege, von der heutigen nicht verſchieden.
2 Beinknochen und
1 Rippe von der Hausziege.

Schwein.

Torfſchwein (Sus Scrofa paluſtris).

Rechter oberer Eckzahn eines ſehr alten Thieres. Auf
ein ſehr hohes Alter deutet die Wurzel, welche ſich bei Eck=
zähnen äußerſt ſpät bildet. Die ſchwache Krümmung, die
geringe Größe, die ſtarke Compreſſion entfernen ihn vom
Wildſchweinszahn und nöthigen, ihn dem Torfſchwein zuzu=
ſprechen, obgleich noch vollſtändigere Belege für die Anweſen-

heit dieſes Thieres im Pfahlbau von Wismar wünſchenswerth wären.

Wir dürfen ſicher annehmen, daß ſchon im Steinalter zahme Schweine früher getödtet wurden, als bis ſie das hohe Alter erreichten, worauf dieſer einzelne Eckzahn hinweiſet.

Wildſchwein (Sus Scrofa ferus).

1 Rechter Unterkiefer eines ſehr großen und alten weiblichen Thieres, mit dem in Rütimeyer's Fauna der Pfahlbauten, Taf. VI, Fig. 1, abgebildeten Unterkiefer aus dem Pfahlbau vom Robenhauſen völlig gleich;

1 rechter Oberkiefer eines ſehr großen weiblichen Wildſchweins, wahrſcheinlich zu dem obigen gehörend;

1 unterer linker Eckzahn eines weiblichen Thieres, wahr-ſcheinlich zu den obigen gehörend;

1 rechter Unter- und Oberkiefer, drei Bruchſtücke, zuſammen gehörend und auf einander paſſend;

1 letzter unterer Backenzahn rechts;

1 vorderſter oberer Schneidezahn;

3 Backenzähne von einem großen Thier;

1 kleiner Backenzahn;

1 Backenzahn von einem großen Thiere;

3 Backenzähne von einem kleinen Thiere; die 4 letzten etwas heller;

2 Beinknochen.

Hausſchwein (Sus Scrofa domesticus).

1 Beckenknochen;

2 Beinknochen, davon einer zerſchlagen;

2 Backenzähne von einem erwachſenen Thier;

4 Zähne von einem Ferkel;

1 Hauerzahn.

Hirſch (Cervus elaphus).

3 einzelne Hirſchhörner, vollſtändig, ohne Anarbeitung;

3 Hirſchhörner mit abgeteilten Enden (vgl. oben Ge-räthe aus Knochen, S. 51); alle nur von mittlerer Größe.

5 Beinknochen, davon 3 zerſchlagen, 1 am Ende ge-öffnet, 1 ganz. Die Hirſchknochen haben wenig Fettgehalt.

Reh (Cervus capreolus).

11 einzelne Rehhörner;
1 Rehhorn, zum Bohrgeräth benutzt, vgl. oben Geräthe
aus Knochen, S. 51;
1 Beinknochen.

Pferd (Equus caballus).

1 Oberkiefer mit Schneidezähnen;
1 oberer linker Backzahn;
1 unterer linker Eckzahn;
1 oberer rechter Eckzahn.
Diese gehören wahrscheinlich einem und demselben Thiere
an, und zwar einem männlichen Thiere von mittlerer
Größe, von unserm Hauspferde nicht verschieden.
1 Unterkiefer;
1 Heiligenbein (Sacrum);
1 Beckenknochen (Pelvis);
1 Schenkelknochen (Femur);
2 Beinknochen, ganz,
1 Beinknochen, zerschlagen, diese letztern heller;
6 Backenzähne, von denen 1 hell und 1 dunkel an
Farbe;
9 Schneidezähne.
Die meisten dieser Knochen gehören wohl einem und demselben Thiere an. Alle Knochen des Pferdes sind heller an
Farbe, als die übrigen Knochen, und ärmer an Fettgehalt und
weniger glatt. Vielleicht stammen sie aus jüngern Zeiten.
Zu den Pferdeknochen gehört aber auch eine künstlich
gearbeitete Haue aus einem gespaltenen Pferdebein zum Beweise, daß die Pferdeknochen auch zum häuslichen Gebrauche
benutzt wurden (vgl. oben S. 51, Geräthe aus Knochen).
Dieses Geräth gehört ohne Zweifel zum alten Pfahlbau; es
ist auch dunkler an Farbe, als die übrigen Pferdeknochen, aber
mehr schwärzlich, als braun, und fettarm. Auch große
Kämme scheinen aus Pferdeknochen geschnitzt zu sein (vgl.
oben S. 52).
Daß das Pferd zur Zeit der Steinperiode im Dienste
des Menschen war, wird durch die in die Zeit des Wismarschen Pfahlbaues fallenden Steingräber von Prieschendorf
(Jahrb. II, B, S. 25) und Lübow bei Wismar (Jahrb. III, B,
S. 36) bewiesen, in denen auch ein Pferdekopf von einem

kleinen Thiere beigesetzt war. (Vgl. über diese Gräber auch Jahrb. III, S. 253). Sonst sind in meklenburgischen Gräbern der Steinperiode keine Thierknochen bemerkt worden.

Esel (Equus asinus).

3 Backenzähne.

Hund (Canis familiaris).

Die Ueberreste des Haushundes in dem Pfahlbau von Wismar sind auch sehr merkwürdig. Es sind bis jetzt 5 Stück gefunden, also verhältnißmäßig reichlich viele. Ueber den Hund in den Pfahlbauten ist Rütimeyer (vgl. auch dessen Fauna, S. 117—119) zu folgendem Ergebniß gekommen. In sämmtlichen Pfahlbauten der Schweiz, welche dem Steinalter angehören oder doch bis in das Steinalter hinaufreichen, ist nur eine „einzige und bis auf die kleinsten Details con=„stante Race von Haushund vorhanden. Unter unsern heu=„tigen Hunderacen finden wir alle Charaktere des alten Pfahl=„bauhundes am treuesten wieder beim Jagdhund und beim „Wachtelhund", und es ist auch gewiß, daß auch die Größe „nicht nur des Schädels, sondern auch der Extremitäten=Knochen, „so wie der allgemeine Typus den Haushund des Steinalters „mit unserm Wachtelhunde zusammenstellen. In Bezug „auf die äußern Umrisse stehen die Schädel aus den Pfahl=„bauten auf der Seite des Jagdhundes."

Der Wismarsche Pfahlbau zeigt nun mehrere Abweichungen von dem Vorkommen in der Schweiz.

Ein linker Unterkiefer, klein, dunkel gefärbt, wie die übrigen alten Knochen dieses Pfahlbaues, stimmt ganz zu dem Hunde der schweizerschen Pfahlbauten des Steinalters.

Zwei Schädel, vollständig, merklich heller gefärbt, als die meisten andern Knochen des Pfahlbaues, beide in Form und Größe gleich. Rütimeyer urtheilt hierüber brieflich: „Beide Schädel gehören unbedingt zu der Form des Pfahl=„hundes des schweizerischen Steinalters und sind von dem=„selben Typus; jedoch sind sie größer und stärker und über=„treffen die Mittelgröße des Schweizerhundes um ¼. Es sind „Wachtelhunde von ziemlicher Stärke. Im Steinalter der „Schweiz habe ich nie Hundeschädel von dieser Größe und „Kräftigkeit gefunden, wohl aber im Bronzealter." — Völlig gleich mit diesen beiden Schädeln ist ein im Sühring=

Moor bei Bützow gefundener Schädel, welcher jedoch noch etwas heller ist. Diese starke Race wird also zu einer gewissen Zeit im Lande verbreitet gewesen sein.

Ein dritter Schädel, auch etwas heller an Farbe, ist von gleicher Race, jedoch etwas kürzer und im Nasenbein ein wenig mehr nach unten gesenkt.

Ein vierter Schädel, welcher im Vordertheile schwarz, am Hinterkopfe etwas heller gefärbt ist, dem aber das Nasenbein fehlt, und vielleicht $\frac{1}{3}$ länger gewesen sein mag, ist von den übrigen abweichend. Rütimeyer berichtet darüber Folgendes: „Dieser Schädel unterscheidet sich von den übrigen sehr „auffällig durch die kürzere, höhere, gewölbtere Hirnkapsel, „schwächere Muskelkanten, schwächern Jochbogen, fehlenden „Hinterhauptkamm, alles evidente Merkmale einer schon weit „vorgeschrittenen Cultur. Indessen vermag ich, nament- „lich da der Gesichtsschädel fehlt, nicht zu sagen, welcher heu- „tigen Form des Haushundes diese Schädelform am meisten „entspricht; nur so viel darf ich sagen, daß das Aeußere dieser „Bildung sich beim Pudel findet.“

„Immer liegt also hier ein unzweifelhafter Fall von An- „wesenheit zweier Hunderacen in einem und demselben „Pfahlbau vor, was mir in der Schweiz in ächten Pfahlbauten „noch nicht vorgekommen ist, und es scheint mir alles dafür „zu sprechen, daß diese zweite Form lediglich als eine Cultur- „form, aus der ersten hervorgegangen, zu betrachten ist, was „wir in der Schweiz grade nicht haben. Spaltung des „Haushundes in verschiedenen Racen, das liegt hier „in Wismar vor.“

Biber (Castor fiber).

1 Schädel mit beiden Unterkiefern; der Schädel ist an beiden Enden aufgeschlagen;

1 linker Unterkiefer, an beiden Enden abgeschlagen, jedoch noch so weit erhalten, daß alle Zähne vollständig vorhanden sind und die Höhlung des Schneidezahns noch zum Theil sichtbar ist.

Hausratte (Mus rattus).

In dem Pfahlbau von Wismar ist ein sehr wichtiger zoologischer Fund gemacht, indem Beinknochen von einer Hausratte gefunden sind:

3 Schenkelknochen (femur und tibia), verkohlt, glänzend schwarz von Farbe und spröde, also durch den Brand der Pfahlwohnung untergegangen, da die Pfahlbauten von Wismar durch Feuer zerstört sind, wie die Verkohlung der Pfahlköpfe, die Anbrennung der knöchernen und hörnernen Geräthe und Anderes beweisen.

Ich sandte diese Knochen dem Herrn Professor Dr. Rütimeyer zu Basel, welcher darüber Folgendes schreibt: „Bei „uns, wo alle Pfahlbauten durch Feuer untergegangen sind, „würde die offenbare Anbrennung dieser Knöchelchen unbedingt „als Beleg für das Dasein des Thieres bei der Zerstörung „der Pfahlbauten gelten müssen. Interessant ist es aber, hier „zum ersten Male die Ratte in Pfahlbauten vertreten „zu sehen, und zwar nicht die Wanderratte, sondern die schwarze „Hausratte, welche nach allem, was wir wissen, aus Asien „nach Europa eingedrungen sein soll, und in Deutschland nicht „vor dem 13. Jahrhundert (von Albertus Magnus) erwähnt „wird." Im Vierten Bericht von Keller, 1861, S. 30, sagt Rütimeyer: „Die kleinen und unbequemen Haussäugethiere, „wie Ratten und Mäuse, scheinen die Bewohner der Seedörfer „nicht geplagt zu haben; um so eher konnten sie auch die Katze „entbehren, die ebenfalls bis jetzt gänzlich vermißt wurde."

Bei der Wichtigkeit des Gegenstandes wollte aber Rütimeyer sich selbst allein nicht genügen, sondern sprach den Wunsch aus, daß die Knochen auch dem Herrn Professor Dr. Blasius zu Braunschweig vorgelegt werden möchten. Dies ist denn auch geschehen, und Blasius hat die Güte gehabt, eine genaue Forschung anzustellen und einen ausführlichen Bericht einzusenden. Er hat darin alle denkbaren und möglichen Fälle gewissenhaft zur Untersuchung gezogen und ist mit Rütimeyer zu demselben Ziele gelangt. Ich theile aus dem Bericht hier diejenigen Stellen mit, welche für die Feststellung des Fundes von Entscheidung sind.

„Die kleinen Knochen aus dem Pfahlbau von Wismar „haben das größte zoologische Interesse. Zwei dieser Bruch-„stücke fügen sich zu einem vollständigen linken Oberschenkel „(femur), die andern bis auf einen rubimentairen Gelenkkopf „bilden ein entsprechendes Unterschenkelbein (tibia). — — „Die beiden Pfahlbauknochen charakterisiren sich durch ihre ge-„sammte Ausbildung, durch die Schärfe und Bestimmtheit aller „Kanten, Flügel und Muskelansätze unzweifelhaft als Knochen „eines erwachsenen, alten Thiers. — — — Es kann „kein Zweifel bestehen, daß beide Knochen nach Gestalt und „Größe einer Ratte angehören. — — — Die Knochen des

„Wismarſchen Pfahlbaues ſtimmen am genaueſten mit denen
„der Hausratte (Mus Rattus L.) überein. Die Knochen der
„Wanderratte ſind länger, breiter und im ganzen plumper, als
„die beiden vorliegenden. Auch an eine junge Wanderratte
„von der dieſen Knochen entſprechenden Größe kann man nicht
„denken, da die beſtimmte Gliederung der beiden Pfahlbau-
„knochen nur auf ein erwachſenes Thier hindeutet. Mit den
„entſprechenden Knochen der Hausratte ſtimmen die beiden
„Pfahlbauknochen ſo vollkommen überein, daß die photographi-
„ſchen Bilder beider nicht die geringſte Abweichung der Form
„zeigen würden. Ich muß demnach aus zoologiſchen Geſichts-
„puncten die beiden Knochen für den linken Oberſchenkel und
„den Unterſchenkel der Hausratte erklären.“

„Dieſes Reſultat iſt nun zoologiſch für dieſe Thierart
„von dem größten zoologiſchen Intereſſe. Es iſt bekannt, daß
„in den Schriften des Alterthums nur eine einzige Stelle vor-
„kommt, die man auf eine Ratte deuten kann. Die Mures
„Caspii bei Aelianus Hist. anim., XVII, cap. 17, ſind wohl
„nur auf die Wanderratte zu beziehen. Weder Ariſtoteles,
„noch Plinius, noch irgend ein Schriftſteller des Alterthums
„kennt eine Ratte in Europa. Deshalb iſt der Urſprung, die
„urſprüngliche Heimath der Ratten, von denen augenblicklich
„drei Arten nicht allein durch Europa, ſondern durch alle
„Erdtheile verbreitet ſind, von beſonderm zoologiſchen Inte-
„reſſe. — — —“

„Die Wanderratte (Mus decumanus. Pall.) iſt am 13.
„und 14. Oct. 1727, wenige Tage vor einem Erdbeben, in
„großen Schaaren bei Aſtrachan über die Wolga ſchwimmend
„in Europa eingewandert. Mit dieſem Urſprunge ſtimmt die
„Angabe Aelians ſehr wohl überein. In England, wahrſchein-
„lich durch Schiffahrt eingeführt, wurde ſie zuerſt im J. 1730
„beobachtet. Es würde ſehr auffallend geweſen ſein, wenn
„man Knochen derſelben in mecklenburgiſchen Pfahlbauten der
„Steinperiode gefunden hätte.“

„Die Hausratte wird mit Beſtimmtheit gegen die Mitte
„des 13. Jahrhunderts von Albertus Magnus aus Deutſch-
„land unter dem Namen Mus rattus (Alb. Magn. de anim.
„lib. XXII, fol. 182) erwähnt. Da die Schriftſteller des
„Alterthums ein Thier, das ſich dem Menſchen in ſo hohem
„Maße aufdrängt, nicht kannten, ſo konnte man mit Beſtimmt-
„heit annehmen, daß es ſich auch in den griechiſchen und
„römiſchen Naturhiſtorikern bekannten Gegenden Europas
„nicht vorgefunden hat. Es blieb aber unſicher, ob es
„damals in den übrigen Theilen Europas vorhanden

„war, oder erst später einwanderte. Nach Analogie mit der
„ägyptischen und der Wanderratte mußte man die Einwanderung
„nicht unwahrscheinlich finden. Das Vorkommen in den me-
„klenburgischen Pfahlbauten liefert nun den Beweis,
„daß die Hausratte in uralter Zeit, in der Steinperiode,
„in Deutschland schon einheimisch war. Damit ist nun eine
„alte Heimath der Hausratte nachgewiesen und die Idee einer
„spätern Einwanderung beseitigt. — — —"

„Die Hausratte aber, als die schwächlichere, weichlichere
„Art, wird zurück gedrängt, auf einzelne beschränkte Winkel
„ihrer rechtmäßigen Heimath beschränkt und endlich fast all-
„gemein vernichtet, wie weggeweht vom Erdboden, wo sich die
„stärkere Wanderratte blicken läßt. — — — Bald kann die
„Zeit kommen, wo das einst so mächtige Geschlecht in seiner
„eigenen Heimath ganz der Vergangenheit angehört."

Es ist also nach allen diesen gründlichen Forschungen
keinem Zweifel unterworfen, daß in den Pfahlbauten von
Wismar eine Ratte gefunden ist, welche zur Zeit der Vernichtung der Pfahlbauten durch Feuer unterging.

Ich kann diesen Forschungen nichts von großer Bedeutung
hinzu fügen, jedoch kann ich die Resultate der deutschen Sprach-
forschung nicht unerwähnt lassen. Es wird, und zwar mit
Recht, Gewicht darauf gelegt, daß das Thier in Deutschland
erst im 13. Jahrhundert (von Albertus Magnus) erwähnt
wird. Aber der Name der Ratte kommt schon viel früher in
Glossaren vor, in einer Sanct Galler Handschrift aus dem
9. Jahrhundert und in andern Handschriften aus dem 12.
Jahrhundert, eben so in der angelsächsischen und altnordischen
Sprache. Ich verweise der Kürze wegen auf Graff's Althoch-
deutschen Sprachschatz II, S. 470. Man dürfte also wohl
annehmen können, daß wenn der Name, auch das Thier bekannt war. Es ist möglich, daß in alter Zeit das Thier im
südlichen Europa und auch in der Schweiz nicht lebte; daß es
aber in den nördlichen Ländern vorhanden war, scheint unzweifelhaft zu sein.

Ergebnisse aus den Säugethierknochen.

„Aus allem diesem geht hervor, daß der Pfahlbau von
„Wismar das Bild einer weiter vorgeschrittenen Cultur
„vor Augen legt, als es die Pfahlbauten des Steinalters in
„der Schweiz zeigen. Wilde Thiere sind „spärlich" und
in den Jagdthieren, im Wildschwein, Hirsch und Reh vertreten,

welche noch heute demselben Boden zahlreich angehören. Das
Reh erscheint jedoch häufiger, der Hirsch seltener, als in den
schweizerischen Pfahlbauten, wo das Hirschhorn zu Werkzeugen
benutzt sehr häufig vorkommt. Außer diesen ist zu Wismar nur
der Biber vorhanden, welcher in den meisten Pfahlbauten der
Steinzeit in der Schweiz auftritt. Reißende wilde Thiere,
wie Bär, Wolf, Fuchs u. s. w. sind bei Wismar noch gar
nicht bemerkt. Neben diesen wilden Thieren erscheinen nur die
bekannten Hausthiere in ausgebildeten Culturformen: Rind,
Schaf, Ziege, Schwein, Pferd, Esel, Hund: das Rind in einer
Mischform, und zwar am zahlreichsten vertreten, das Schaf
in einer Culturform (mit vier Hörnern), welche sonst noch nicht
beobachtet ist. Das Schwein erscheint im Wildschwein in
sehr großen Thieren; das Hausschwein ist gewöhnlich, jedoch
zeigt sich noch eine Spur vom Torfschwein. Die Ziege tritt
im Pfahlbau von Wismar, wie in Gägelow, als Schlachtvieh
auf. Daneben kommen Pferd und Esel vor. Zu bemerken
ist jedoch, daß die Pferdeknochen, welche alle einem Thiere zu
gehören scheinen, viel heller sind, und ärmer an Fett, als die
übrigen Knochen; es wäre daher möglich, daß diese Pferdeknochen eine jüngere Beimischung sind. Am auffallendsten in
diesem Pfahlbau ist der Hund. Es ist freilich von dem alten
Pfahlbau-Hunde eine Spur (ein Unterkiefer) gefunden;
aber außerdem kommt „der Hund in zwei Racen vor, von
„denen die eine in der Schweiz gänzlich fehlt, die andere den
„alten, in der Schweiz einheimischen Haushund an Größe bei
„weitem übertrifft." Es ist hiebei jedoch wohl zu bemerken,
daß diese vier Hundeschädel eine viel hellere Färbung haben,
als die übrigen Knochen, und eben so gut eine jüngere Beimischung sein können, wie die bronzene Framea (Celt), welche
ebenfalls in diesem Pfahlbau gefunden ward. Ein an Farbe
und Größe gleicher Hundeschädel ward auch in dem Torfmoore
auf der Sühring bei Bützow (in einem muthmaßlichen Pfahlbau) gefunden, aus welchem viele steinerne Geräthe, daneben
aber auch eine bronzene Nadel ans Licht kam.

Rütimeyer schreibt: „Ich würde also meinerseits aus
„zoologischen Gründen die Knochen von Wismar der schwei-
„zerischen Fauna des Bronzealters vergleichen, da wir in unserm
„Steinalter viel mehr wilde Thiere besitzen, ferner nur einen
„kleinern Hund, dem heutigen Wachtelhunde vergleichbar, und
„das Pferd nur in sehr seltenen Exemplaren."

Der Pfahlbau von Wismar gehört aber aus antiquarischen
Gründen sicher dem Steinalter an, und dazu stimmt auch die
Färbung der Knochen der Schlachtthiere. Jedoch wird man

am sicherſten gehen, wenn man ſich begegnet und den Pfahlbau
von Wismar in die letzte Zeit des Steinalters ſetzt.

Vögel.

Wilde Ente (Anas boschas ferus).

5 Oberarmſtücke der wilden Ente, alle zerbrochen.

Fiſche.

Hecht (Esox lucius).

1 Unterkiefer von einem kleinen Thiere, ſchwarz gefärbt. Der Hecht iſt noch heute ſehr gemein in Mecklenburg.

Seethiere.

Seehund (Phoca vitulina).

Rütimeyer ſchreibt hierüber: „Neu iſt für Pfahlbauten das
„Nagelglied einer Robbe, ſehr wahrſcheinlich von Phoca
„vitulina. Wenn nun auch in der Nachbarſchaft der Oſtſee
„dies nicht eine ſehr auffallende Erſcheinung iſt, ſo macht die
„Beſchaffenheit dieſes Stückes eine ſpätere Einſchleppung faſt
„unzweifelhaft, indem nicht nur der Knochen noch bluthaltig iſt,
„ſondern auch Reſte von Sehnen davon erhalten ſind. Hornige
„Theile, z. B. Vogelkrallen, habe ich nun in unſern Pfahl-
„bauten zwar auch ſchon geſehen; aber eigentliche Weichtheile,
„wie Sehnen, deuten, wie mir ſcheint, doch ganz auf ſpätere
„Zufügung. Liegt der Pfahlbau von Wismar etwa ſo, daß er
„gelegentlich von Robben beſucht werden konnte? Mir ſcheint
„dies eine fremde Zuthat.“

Es erſcheint, trotz dieſer Bedenken, aber doch nicht unmöglich, daß dieſes Robben-Nagelglied dem alten Pfahlbau angehört. Das Glied wird nicht in der Tiefe des Waſſers ab-
gefault, ſondern oben im Hauſe abgeſchlagen und getrocknet
ſein, und in dieſem Zuſtande erhalten ſich thieriſche Theile,
namentlich Nagelglieder und Krallen, außerordentlich lange.
Der Robbennagel iſt in allen Theilen außerordentlich hart, faſt
wie Horn. Die letzte Frage Rütimeyer's läßt ſich dahin beantworten, daß es wohl möglich geweſen iſt (nach der beige-

gebenen Karte), daß Robben die Pfahlbaustelle besuchen konnten, d. h. aber nur zu einer Zeit als das ganze Moor bis zu der hart am Meerbusen liegenden Stadt Wismar noch ein tiefer Landsee war; das ist aber sehr lange her. Jedoch läßt sich auch nicht leugnen, daß dieses Nagelglied in jüngeren Zeiten in das Pfahlbaumoor, als es noch sumpfig war, gekommen ist.

12. Menschenknochen.

Auch Menschenknochen haben sich im Pfahlbau von Wismar gefunden, nämlich ein Schlüsselbein (clavicula), ein Ober= armbein (humerus) und ein Wadenbein (fibula). Im Allgemeinen äußert Rütimeyer sich darüber also: „Die mensch= „lichen Knochen gehören Individuen von etwas über mittel= „großer Statur an. Jedenfalls sind es Knochen erwachsener „Personen, namentlich der Oberarm, welcher einem sehr großen „Individuum angehörte.‟

Das Schlüsselbein hat das Ansehen von Pfahlbau= knochen. Es ist glänzend, auf der einen Seite schwärzlich, auf der andern dunkelgrau. Auch Rütimeyer sagt: „Das Schlüssel= bein sieht wie Pfahlbauknochen aus.‟

Ueber die beiden andern Knochen fährt Rütimeyer fort: „Nicht aber die beiden andern Knochen, welche das Ansehen „haben, vielleicht zufällige Beimengung zu sein, indem sie die „Beschaffenheit der Knochen haben, welche etwa im Schlamm „gelegen, kurz einer wiederholten Aussetzung an Wasser und „Licht unterworfen waren.‟ Namentlich sieht der sehr ausge= dörrte Oberarm, dessen beide Enden abgebrochen sind, so aus; Ansehen und Farbe ähneln aber auch den Gebeinen, welche in alten heidnischen Gräbern gelegen haben. Sehr alt sind aber alle Knochen augenscheinlich.

13. Bronzegeräthe.

In dem Moder der Pfahlbauregion von Wismar wurden auch zwei Stücke von Bronze gefunden, nämlich die auf der nächsten Seite abgebildete Framea (Celt) mit Schaft= loch und Oehr und ein durchbrochner halber Armring, welcher massiv, dünne, rund und ganz glatt ist. Es ist die Frage, wie diese Sachen in diesen Pfahlbau hineinkommen. Die Gegner der Lehre von der Aufeinanderfolge der drei Zeitalter werden in dieser Erscheinung einen Beweis gegen die Richtigkeit der Lehre finden. Ich glaube aber die Sache ganz einfach erklären und für die Erklärung Gründe vorbringen zu können. Der Pfahlbau von Wismar enthält im Allgemeinen nur Dinge, welche der Steinperiode eigenthümlich sind, und Anzeichen, daß er in die jüngere Zeit der Steinperiode fällt. Es wäre nun möglich, daß dieser Pfahlbau in die Anfänge der Bronzeperiode hinüberreichte und die bronzene Framea daher stammte. Ich habe aber gerechte Bedenken gegen eine solche Ansicht. Die Framea ist hohl gegossen; ich habe nun die durch zahlreiche Gräberfunde erworbene Ansicht, daß der Hohlguß der Bronze, welcher von einer sehr vorgeschrittenen Bildung zeugt, in die jüngere Zeit der Bronzeperiode fällt. Es würde also die hier gefundene Framea nicht unmittelbar auf die steinernen Geräthe folgen oder mit ihnen zusammenfallen können; ein Bronzegeräth aus dem Ende der Steinperiode würde eine ganz andere, viel einfachere Form gehabt haben, als diese Framea. Ich erkläre den Fund der Framea einfach dadurch, daß er lange nach der Vernichtung der Pfahlhäuser durch Brand zu einer Zeit, als das Moor noch ein See war, durch Zufall, etwa auf der Jagd,

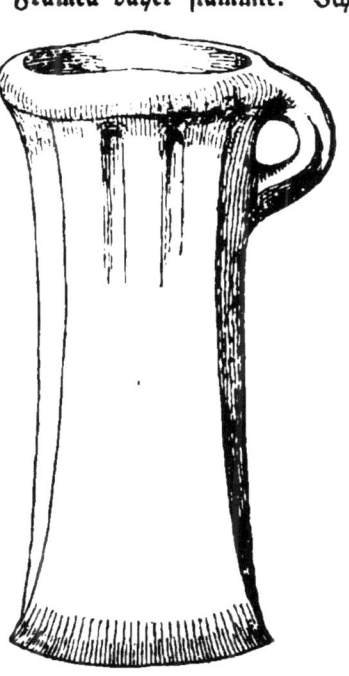

Ganze Größe.

ins Wasser gefallen und verloren gegangen ist. Es wird sich sehr selten ein Pfahlbau finden, in welchem neben zusammengehörenden alten Geräthen nicht auch einzelne Geräthe aus jüngerer Zeit vorkommen sollten; ja es können ganz junge Sachen gefunden werden, da in jedem Gewässer, welches benutzt wird, zu allen Zeiten sehr häufig Geräthe verloren gehen. Man darf nicht die Ausnahme zur Regel machen, und das eine oder andere fremdartige Stück kann nie ein Beweis gegen die Zusammengehörigkeit von Hunderten gleichartiger Sachen sein. Freilich giebt es Pfahlbauten, in denen sich Alterthümer aller Art finden; diese werden aber zu allen Zeiten der heidnischen Vorzeit bewohnt gewesen sein. Daß die Framea in jüngern Zeiten durch Zufall verloren gegangen ist, scheint auch durch die großen Hundeschädel bewiesen zu werden (vgl. oben S. 70), welche sowohl an Farbe, als auch an Bildung jünger erscheinen, als alle andern. Knochen des Pfahlbaues, vielleicht noch mit Ausnahme der Pferdeknochen, welche auch etwas heller erscheinen, jedoch lange nicht so hell, als die in der obern Torfschicht gefundenen Pferdeknochen aus dem Mittelalter. Ich kann daher nur annehmen, daß die bronzene Framea eine jüngere, zufällige Beimischung ist. Auch in dem Torfmoore auf der Sühring bei Bützow, in welchem höchst wahrscheinlich ein Pfahlbau gestanden hat, ward neben steinernen Alterthümern auch eine bronzene Nadel gefunden.

14. Schlußbetrachtungen.

Aus allen diesen Beschreibungen und Untersuchungen geht nun mit Sicherheit Folgendes hervor.

I. Die Ansiedelungen in dem Moore bei Wismar sind Pfahlbauten, welche vor mehreren Jahrtausenden in einem See standen, von Menschen bewohnt waren und durch Brand untergingen.

II. Die Pfahlbauten von Wismar gehören der Steinzeit des Menschengeschlechts an; die wenigen Bronzegeräthe sind ohne Zweifel zufällige Beimischungen einer jüngern Zeit (vgl. oben S. 78), eben so wahrscheinlich auch die Hundeschädel von einer ausgebildetern Race (vgl. oben S. 70).

III. Die Pfahlbauten von Wismar sind im Allgemeinen den Pfahlbauten der Steinperiode in der Schweiz und in Ober-Italien gleich, beweisen also die gleichzeitige Verbreitung des Menschengeschlechts bis zum Strande der Ostsee und einen gleichmäßigen Bildungsstand.

IV. Die Pfahlbauten in Mecklenburg enthalten dieselben Geräthe und Gegenstände, welche aus den schweizerischen Pfahlbauten der Steinzeit ans Licht gezogen sind; jedoch sind alle Gegenstände nach den in den Gegenden der Pfahlbauten vorkommenden Materialien verschieden und stimmen mit den übrigen Werkzeugen der Steinzeit des Landes vollkommen überein; es sind z. B. die Keile in Meklenburg aus Feuerstein gefertigt (vgl. oben S. 24), wie sie in der Schweiz nicht vorkommen, und die Schleifsteine zur Polirung der Keile sind daher von von einer andern Steinart, als in der Schweiz (vgl. oben S. 31).

V. Die Pfahlbauten von Wismar sind aus einer etwas jüngern Zeit als die meisten Pfahlbauten der Steinperiode in der Schweiz, da die Knochen der Hausthiere, wie das Rind (vgl. S. 62), das Schaf (vgl. S. 66) und vielleicht auch der Hund (vgl. S. 70) schon eine mehr vorgeschrittene Mischform verrathen und außer dem Biber keine andere wilden Thiere vorkommen, als die noch heute in Meklenburg lebenden Jagdthiere, auch die Urracen der Hausthiere, z. B. der Urstier, ganz fehlen (vgl. oben S. 75). Auch deutet das Vorkommen von feinem Leder (vgl. oben S. 56) auf eine schon bedeutend vorgeschrittene Bildung. Dagegen zeugen die Flachsgeflechte (vgl. oben S. 59), daß sich die Moden der ältesten Zeit sehr lange hielten und weit verbreitet waren.

VI. Die Pfahlbauten von Wismar stimmen in den gefundenen Geräthen mit einer gewissen Form von Gräbern der Steinperiode, welche wahrscheinlich die jüngste Form der Steinzeit sein wird, vollkommen überein, namentlich mit den Gräbern, welche in einen langen, schmalen, niedrigen, von großen Steinpfeilern umgebenen Erdhügel um die Steinkisten ausgebauet sind (die sogenannten Riesenbetten). Hiefür geben den vollgültigsten Beweis:

1) die feinen Thongefäße, Krüge oder Urnen, welche in beiden gleiche Gestalt, Bearbeitungsweise und Verzierung haben und sonst nie und nirgends vorkommen (vgl. oben S. 48);

2) die durchbohrten Streitäxte aus Grünstein, deren bestimmte Gestalt ebenfalls nur in dieser beschränkten Zeit beobachtet ist (vgl. oben S. 38);

3) Feuersteinkeile und die Schleifsteine aus altem rothen Sandstein, um die Keile darauf zu poliren, welche ebenfalls in Gräbern dieser Art gefunden werden (vgl. oben S. 24);

4) endlich die Thierknochen.

Das kurze Ergebniß aller Forschungen ist, daß die Pfahlbauten von Wismar aus der jüngern Zeit der Steinperiode stammen.

Wie alt die Pfahlbauten der Steinperiode sind, ist eine Frage, welche sich noch — nicht beantworten läßt. Man kann sich wohl bei sich allerlei Gedanken bilden, die sich — nicht beweisen lassen, darf sie aber im wissenschaftlichen Geiste nicht so dreist der Welt verkünden, wie viele Zeitungsschreiber, welche — nichts von der Sache verstehen. Es wird aber wohl einmal möglich werden, über das Alter dieser merkwürdigen Ansiedelungen unserer ältesten Vorfahren annähernd Vermuthungen aufzustellen. Der einzig richtige Weg zu diesem Ziele scheint mir der zu sein, daß wir vorsichtig rückwärts gehen, und daß wir dabei die wohl begründete allgemeine Erfahrung von der Eintheilung in die drei Zeitalter, die Stein-, Bronze- und Eisenzeit, festhalten. Wir sind gegenwärtig im Begriffe, über das Alter der heidnischen Eisenzeit begründete Ansichten aufzustellen. Wenn dieses festgestellt sein wird, dann wird es hoffentlich auch gelingen, die Ausdehnung der Bronzezeit zu begrenzen; es liegen dazu schon wichtige Beweismittel vor und es werden im Laufe der Zeit deren hoffentlich noch mehr entdeckt werden. Ist dies erst gelungen, so wird man mit Ueberzeugung sagen können, daß die Steinzeit — der nach der Zeit bestimmten Bronzezeit unmittelbar voraufging und damit werden wir uns fürs erste begnügen können. Die Jahrhunderte mag jeder sich nach seinem Gefallen zurecht legen. — Bedeutsamer ist freilich die Frage nach dem ungefähren Alter der berühmten Alterthümer von Abbeville und Amiens.

Zur Bestimmung des ungefähren Alters der Pfahlbauten mögen aber die Pfahlbauten von Wismar vielleicht einen kleinen Beitrag liefern. Die Pfahlbauten sind mit einer 5 Fuß dicken Schicht aufgewachsenen Torfes bedeckt. Es ist allerdings sehr mißlich, aus der Dicke einer Torfschicht deren Alter zu bestimmen. Aber unter dieser Torfschicht stehen die Pfahlbauten in einem 10 Fuß mächtigen Moderlager, welches einen ehemaligen Landsee gefüllt hat. Diese Moderschicht, welche nicht wie der Torf durch Pflanzen wächst, könnte schon eher einen Maßstab für das Alter abgeben. Es gehört gewiß eine sehr lange Zeit dazu, ehe ein ziemlich tiefer Landsee fester Moder wird. Ich kenne kleine Seen in der Nähe von Walbungen, welche erst in diesem Jahrhundert zur Moderfüllung gelangen, aber bis dahin Seen gewesen sind. Wenn die weiche Füllung erst ziemlich vollendet ist, dann geht die vollständige, feste Füllung verhältnißmäßig rasch von statten, und man kann fast jedes Jahrzehend die Verringerung des Wassers bemerken. Aber die erste Versumpfung muß sehr langsam vor sich gehen, da so manche kleine, ruhige Gewässer erst jetzt in der Versumpfung auf der Oberfläche begriffen sind.

Wir können daher von den Pfahlbauten der Stein= zeit bis jetzt nur sagen, daß sie sehr alt sind.

Anhang.

Nachrichten

über

andere Pfahlbauten

und

Höhlenwohnungen

in

Meklenburg

und

in angrenzenden Ländern.

6*

Pfahlbau von Gägelow,

G. C. F. Lisch.

(Neue verbesserte Auflage aus den Jahrbüchern XXIX, 1864, S. 120 flgb.)

Mit einer Steindrucktafel Taf. IV.

Der Pfahlbau von Gägelow bei Wismar in Mecklenburg, nicht weit vom Strande der Ostsee, ist der erste, welcher in Deutschland außerhalb des Alpengebietes entdeckt ist, und daher verdient er einen wohl begründeten Ruf und wiederholte Bearbeitung. Der Pfahlbau von Gägelow ward im Anfange des Jahres 1863 entdeckt; im Frühling des Jahres 1864 folgte die Entdeckung des Pfahlbaues von Wismar, ungefähr eine Meile von dem Gägelowschen entfernt, welcher noch während der Aufgrabung beobachtet werden konnte, reichere Ausbeute lieferte und dem Gägelowschen Pfahlbau fast ganz gleich war.

—————

Auf dem Felde des Dorfes Gägelow, bei der Stadt Wismar, in der Nähe des Kirchdorfes Proseken, wurden in einem Torfmoor zwei Hirschhörner gefunden, welche gespalten und an allen Enden mit rohen Werkzeugen angearbeitet waren, um daraus Material zu kleinen Werkzeugen zu gewinnen (vgl. Jahrb. XXVI, 1861, S. 132). Ich veranlaßte den für den Verein eifrig bemüheten Sergeanten Herrn Büsch zu Wismar, diese Hörner für die Sammlungen zu Schwerin zu erwerben; der Besitzer, Erbpächter Herr Seibenschnur, welcher die Jahrbücher des Vereins mit großer Theilnahme liest, gab im Jahre 1861 die Hörner dem Vereine gerne zum Geschenke. Darauf ward in demselben Torfmoore eine zur Handhabe für einen Steinkeil bearbeitete kleine Elenschaufel gefunden (vgl. Jahrb. XXVII, 1862, S. 172). Ich vermuthete, daß da, wo

diese Hörner gefunden seien, sich noch mehr finden müsse, und
sprach schon in den Jahrb. XXVII, 1862, S. 172, die Vermuthung aus, daß hier wohl ein Pfahlbau gestanden haben
könne. Aber trotz aller Nachforschungen ist bis jetzt in diesem
Torfmoore nichts weiter gefunden. Ich ließ jedoch nicht nach,
im Jahre 1862 den Herrn Büsch fortwährend zu ermuntern,
die Erkundigungen nach Ueberresten von Pfahlbauten in
Gägelow fortzusetzen und die Sache dort ununterbrochen an-
zuregen. Dies hatte die Folge, daß Herr Seidenschnur
ihm im Anfange des Jahres 1863 die Mittheilung machte,
er habe in einem Wasserloche eichene Pfähle und innerhalb
der Pfähle Alterthümer der Steinzeit gefunden, und daß derselbe dem Herrn Büsch die Alterthümer zur Uebersendung
an mich auslieferte. Nach der Anschauung dieses Fundes
zweifelte ich nicht mehr daran, hier einen Pfahlbau gefunden
zu haben, um so mehr, da hier die beiden nothwendigen
Factoren, eingetriebene Pfähle und neben denselben Alterthümer, vorhanden waren. Ich trat daher im Mai 1863
mit dem Herrn Büsch bei dem Herrn Seidenschnur in
Gägelow zusammen, um die Sache an Ort und Stelle genauer zu untersuchen, und fand meine Vermuthung bestätigt.
Das Verdienst der Entdeckung gehört den unverdrossenen
Bemühungen des Sergeanten Herrn Büsch unter dem treuen
und bereitwilligen Beistande des Erbpächters Herrn Seidenschnur.

Der Pfahlbau von Gägelow liegt auf dem weit gestreckten
Acker des Herrn Seidenschnur, eine weite Strecke von dem
Dorfe, rechts von der Chaussee von Wismar nach Grevesmühlen, ungefähr zwischen den Landgütern Wendorf und Hoben,
gegen eine halbe Stunde von dem wismarschen Meerbusen
der Ostsee. Hier ist auf einem niedrigen Landbrücken in dem
Boden eine ziemlich große, fast runde Einsenkung, welche rings
umher von sanft ansteigenden Höhen völlig und ohne Unter-
brechung eingeschlossen ist und noch jetzt der „Krambeker
Soll" (d. h. kleiner See) genannt wird. Der ebene, obere
Grund dieser Einsenkung war feucht, bestand aber aus Sand
und Thon. Der Herr Seidenschnur suchte auf seinem Felde
nach Moder zur Düngung und Verbesserung seines Ackers,
und fand ihn in großer Mächtigkeit in dieser Einsenkung unter
dieser obern Sand- und Thonschicht. Es ergab sich bei der
Fortsetzung der Arbeit, daß die Einsenkung in den ältesten
Zeiten Wasser gewesen war und nach und nach zugewachsen
und mit Moder gefüllt ist, und daß nach der Befestigung des
Moderbodens im Laufe vieler Jahrhunderte der Sand und

Thon von den nahe umher liegenden Höhen nach und nach über die Moberfläche so gewehet und geschlemmt ist, daß diese feste Erbbede eine Schicht von beinahe 2 Fuß Dide über dem Moberlager bildete. Die begrenzenden Höhen sind überhaupt gegen die Einsenkung hin vorgerückt, indem sich die Moberlage noch etwa 7 Fuß weit unter die Ufer der jetzigen Anhöhen fort erstreckt, so daß es viele Arbeit kosten wird, dieses Moberlager ganz von der immer rascher ansteigenden festen Höhe zu befreien.

Der Herr Seidenschnur unternahm seit dem Jahre 1858 die Ausbeutung des Moberlagers. Nach Abräumung der Sand- und Thonbede fand er die ganze Einsenkung mit Mober, größten Theils Pflanzenmober von Baumblättern und Wasserpflanzen, aber auch Thiermober, von großer Mächtigkeit gefüllt, welcher in der Tiefe auf festem Boden stand. Er brachte den ganzen Vorrath, so weit er nicht von den hoch aufsteigenden Ufern mit Lehm zu hoch bedeckt war, auf das trockene Land, und nach nicht langer Zeit füllte sich das Loch wieder mit klarem Wasser, so daß wieder ein kleiner See, wie früher, gebildet ist, welcher jetzt ungefähr 110 Fuß lang, und 90 Fuß breit ist, also groß genug, um einige Pfahlwohnungen aufzunehmen. Jedoch erstreckt sich die ehemalige Wasservertiefung noch eine ganze Strecke weiter unter den Ufern fort, so daß der alte See noch viel größer gewesen ist.

Im Anfange ging die Ausgrabung des Pflanzenmobers ziemlich leicht von statten. Später ward aber die Arbeit schwieriger, indem an der einen Seite, nicht mehr weit von dem jetzigen festen Ufer, die Vertiefung mit ziemlich nahe bei einander stehenden Pfählen besetzt war. Die Pfähle standen hier in einem kleinen Halbkreise, da der andere Halbkreis noch von den Ufern bedeckt ist; sie waren aus Eichenholz, noch 7 und 8 bis 10 Fuß lang, 7 bis 8 Zoll im Durchmesser, zum Theil behauen, zum Theil roh und noch mit Rinde bedeckt, unten zugespitzt, oben vermobert, und von unregelmäßiger Gestalt. Es scheinen zwei Pfahlbauten in diesem See gestanden zu haben, an jedem Ende der Längenausdehnung des Sees, im Osten und im Westen, ein Bau. Die Pfähle standen aufrecht in dem Mober und die Köpfe derselben lagen ungefähr in dem jetzt wieder entstandenen Wasserspiegel. An dem einen Ende im Westen, in der Richtung nach dem Dorfe Wendorf hin, standen noch 11 Pfähle aufrecht in einem Halbkreise von 18 bis 22 Fuß Kreisdurchmesser, die einzelnen Pfähle 2 und 3 Fuß auseinander. Neben diesen Pfählen fanden sich auch mehrere

Balken, welche horizontal auf dem Boden unter dem Mober lagen. Am östlichen Ende, in der Richtung nach dem Dorfe Hoben hin, standen auch Pfähle, welche auch wohl im Kreise gestanden haben; vor denselben standen nach dem Lande hin noch 4 Pfähle, welche wohl eine Brücke getragen haben werden. Die Pfahlwerke haben also ohne Zweifel kreisförmige Fundamente gebildet, von denen Brückenpfähle gegen das feste Land hin gingen. — Hier sind also ohne Zweifel die Ueber-reste von menschlichen Wohnungen, welche rund waren und im Wasser auf Pfählen standen, also Pfahlbauten. Es werden sich sicher noch mehr Pfähle finden, wenn die Auf-grabung unter dem festen Ufer noch fortgesetzt werden sollte. Die Pfähle und Balken sind herausgenommen und zum Ver-brennen leider zersägt und gespalten; es sind jedoch noch mehrere lange Stücke in die Sammlungen gekommen. Das Eichenholz ist im Innern noch ganz fest und schwarz.

Innerhalb dieser Pfähle war der Raum ganz mit festem Pflanzenmober gefüllt, welcher zahllose Ueberreste von Pflanzen aller Art und von Holz, vielleicht auch Thiermober enthielt. Dieser Mober ist auf das feste Land gebracht und lag noch im Sommer 1863 in einer Masse von mehrern hundert Fudern auf einer Stelle beisammen. Er enthielt überall große Klumpen von rei-nem Pflanzenmober, unter denen noch die Fasern von Baum-stämmen, auch Wurzeln, Rinden und Zweigen erkennbar waren, und dabei Alterthümer man-cherlei Art.

Daß diese Stelle ein Pfahl-bau der heidnischen Stein-zeit war, ward durch zahlreiche Alterthümer bestätigt, welche sich sowohl gleich beim Ausgra-ben, als auch hinterher in dem ausgeworfenen Mober fanden[1]), welchen der Herr Büsch bis jetzt 5 Male untersucht hat.

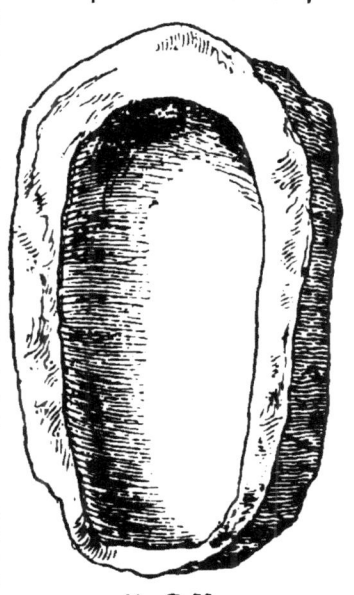

¼ Größe.

---

[1]) Auf ganz gleiche Weise ward auch der erste schweizerische Pfahlbau zu Meilen beim Aus-graben und Auswerfen des Lettens entdeckt. Vgl. Keller 1. Bericht, S. 59.

Zuerst fand sich, als vorzüglicher Beweis, innerhalb der Pfähle eine auf der vorhergehenden Seite abgebildete granitene Handmühle, d. h. ein halbmuldenförmig auf einer Fläche glatt und tief ausgeriebener Granitblock, eine sogenannte „Hünenhacke‟, ungefähr 1½ Fuß lang, gegen 1 Fuß breit und ¼ Fuß hoch, wie solche im Lande sehr häufig gefunden werden (vgl. Jahrb. XXV, S. 212 flgb.). Leider ist dieser Stein in Abwesenheit des Herrn Seidenschnur von den Maurern beim Ausmauern eines neuen Brunnens unten in demselben vermauert worden.

Daneben und in dem ausgeworfenen Moder fanden sich viele runde oder rundliche Reibsteine und dazu bestimmte zerschlagene, noch rohe Steine, von 3 bis 4 Zoll Durchmesser, auch kleinere, ganz rund geschliffene, aus festem Granit, Gneis oder altem Sandstein. Es sind bis jetzt 12 abgerundete und abgeriebene Reibsteine und 2 offenbar zu Reibsteinen bestimmte, zerschlagene, kubische Steine gesammelt. Einer derselben aus altem Sandstein ist mehr flach oder scheibenförmig und an Gestalt ganz den Schweizerischen gleich. Diese

Halbe Größe.

Steine sind ohne Zweifel Reibsteine zum Zermalmen des Getraides und anderer Früchte; vgl. Jahrb. XXIII, S. 276, und oben S. 41. Ein kleiner Reibstein, eine fast regelmäßige Kugel von Feuerstein, 2 Zoll im Durchmesser, völlig glatt, ist wahrscheinlich Geröll vom nicht fernen Meeresstrande. Im Privatbesitze zu Wismar befinden sich aus diesem Pfahlbau noch 2 gute Reibkugeln.

Diese Handmühle mit den Reibsteinen innerhalb eingerammter Pfähle beweiset am sichersten das Vorhandensein eines Pfahlbaues, da man nur annehmen kann, daß sie beim Untergange des Pfahlhauses in die Tiefe des Wassers gefallen sei, und es nicht glaublich ist, daß sie hier durch irgend einen andern Zufall verloren gegangen sein könne.

Außerdem sind bis jetzt an Geräthen folgende Sachen gefunden.

Keile aus Feuerstein: 1 roh zugehauener Keil aus fettlosem, grauem Feuerstein, von der unvollkommenen Art, wie sie sich in dänischen Austerschalenbänken finden.

4 geschliffene, breite, dicke Arbeitskeile, auf der folgenden Seite abgebildet, alle (durch Rauch?) bräunlich von

Farbe, und am Bahnende und an der Schneide und sonst vielfach zerschlagen und abgesplittert.

1 Keil aus hellgrauem Feuerstein, welcher ausnahmsweise an beiden Enden scharf und auf der ganzen Oberfläche geschliffen, aber durch vielen Gebrauch überall vielfach zerschlagen ist.

1 dünner, geschliffener Keil, von welchem am Bahnende etwas abgeschlagen ist.

1 Schmalmeißel aus Feuerstein, bräunlich von Farbe, von ungewöhnlicher Größe, 9¼ Zoll lang, an allen Seiten roh behauen, nur an der Spitze geschliffen, aber hier zerbrochen.

Halbe Größe.

Ferner sind gefunden: 2 Feuersteinknollen, von denen Späne zu Messern und Pfeilspitzen abgeschlagen sind.

3 Feuersteinmesser oder Späne, zerbrochen und wegen der abgenutzten Schneiden offensichtlich gebraucht.

1 Feuersteinscheibe, ganz gleich der in dem Pfahlbau

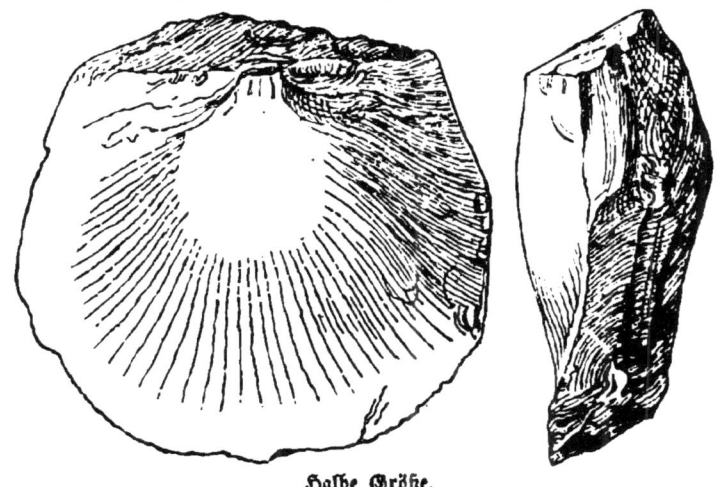

Halbe Größe.

von Wismar gefundenen. Die Scheibe von Gägelow unter=
scheidet sich von der Wismarschen nur dadurch, daß diese rund
umher durch den Gebrauch vielfach abgenutzt, die von Gägelow
aber noch neu und wenig gebraucht zu sein scheint (vgl. S. 33).

2 Dolche aus grauem Feuerstein,
muschelig geschlagen, mit viereckigem Griff,
der eine vollständig, der andere an der Spitze
abgebrochen. Dolche dürften sich in Pfahl=
bauten sehr selten finden, da sie überhaupt
selten sind.

Die meisten Feuersteingeräthe schei=
nen durch Rauch gebräunt und durch
Gebrauch vielfach beschädigt zu sein.

Durchbohrte Streitäxte, in allen
Pfahlbauten sehr selten:

1 durchbohrte und geschliffene Streit=
axt aus Diorit oder aus feinem Gneis,
von Größe und Gestalt, ungefähr wie Frid.
Franc. Tab. XXVIII, Fig. 6, oder die hie=
neben stehende Abbildung einer andern
Streitaxt, welche das Schaftloch mehr in
der Mitte hat, jedoch an der Schneide nicht
so sehr geschwungen und ausgekehlt.

1 Bruchstück von einer langen schma=
len, geschliffenen Streitaxt aus Gneis;
dieses Bruchstück, die Spitze, ist ein Viertheil von einer Streit=
axt, 5¼ Zoll lang, 1 Zoll hoch und ⅝ bis ¾ Zoll breit; die
Streitaxt ist nicht nur im Schaftloche durchbrochen, da noch ein
Theil des ausgeschliffenen Schaftloches vorhanden ist, sondern
die lange Spitze ist auch der Länge nach gespalten.

1 kleine Streitaxt aus Diorit völlig zugerichtet, aber
noch nicht geschliffen und in der Bohrung des Schaftloches
an beiden Seiten mit konischen Vertiefungen angefangen,
aber noch nicht durchbohrt.

Alle diese Streitäxte, welche verhältnißmäßig so zahl=
reich in diesem Pfahlbau gefunden sind, haben nicht mehr den
einfachen, gleichmäßigen Charakter, welchen die oben dargestellten
Streitäxte der reinen Steinperiode haben, sondern sind unter
sich alle verschieden in der Form und haben. in den Umrissen
ausgebildetere Eigenthümlichkeiten, welche die nordischen Forscher
mehr der Bronzezeit zuschreiben. Jedenfalls sind diese Streit=
äxte nicht sehr alt in der Steinperiode.

Ferner fand sich 1 Granitplatte aus grobkörnigem
Granit, ungefähr 2¼ Zoll im Quadrat und 1 Zoll dick, auf
einer Fläche ganz eben und glatt geschliffen.

Halbe Größe.

An Steingeräthen fand sich endlich ein Mörser aus grauem Basalt, viereckig, 3½ Zoll hoch und 2½ Zoll in der Basis, in den Außenflächen geschliffen und an den Ecken abgeschliffen, mit einem eingeschliffenen Loche von 2 Zoll Tiefe und 1½ Zoll Weite. Die Auffindung dieses Geräthes in einem Pfahlbau ist sehr merkwürdig. Mörser ganz gleicher Art, bald von viereckiger, bald von achteckiger Form, einige auch mit einer einpassenden Keule, sind wiederholt in Meklenburg-Schwerin, einer auch in Meklenburg-Strelitz gefunden, ohne daß man sie einer bestimmten Zeit hätte zuweisen können; vgl. oben S. 44. Auch Nilsson, welcher sie ebenfalls kennt, weiß sie nicht mit Sicherheit einer gewissen Zeit zuzuschreiben. Ich gebe auf der Steindrucktafel IV, Fig. 1ᵃ eine Abbildung des Mörsers von Gägelow und daneben Fig. 1ᵇ eine Abbildung einer Keule, welche zu einem in Roxin bei Grevesmühlen gefundenen vollständigen Mörser gehört. Bedenken erregen die Form und das Gestein. Wenn auch die Form des Gägelowschen Mörsers ziemlich einfach ist, so haben doch andere ähnliche Stücke eine Form, welche eine mehr mathematische und architektonische Ausbildung vorauszusetzen scheinen, als man von der Steinperiode erwarten darf. Auch das Gestein macht die Zeit des Ursprungs zweifelhaft, da der Basalt bisher nur in diesen Mörsern und in kleinen Mühlsteinplatten, deren Zeit sich ebenfalls schwer bestimmen läßt, beobachtet ist. Merkwürdig ist, daß auch in dem Pfahlbau von Wismar Bruchstücke von drei kleinen Mühlsteinen gefunden sind, welche aus demselben Gestein bestehen und, wie es scheint, nach neuerer Weise bearbeitet sind; vgl. oben S. 44. Bis sich in unberührten Gräbern Beweise finden, müssen also diese Basaltgeräthe wohl außer Betrachtung für die Pfahlbauten bleiben, jedoch darf die Bekanntmachung des Fundes nicht verschwiegen werden.

Während des Drucks dieser Bogen ist in der ausgegrabenen Mudde des Gägelower Pfahlbaues eine vollständige mit Rillen bearbeitete Mühlsteinplatte aus demselben grauen Basalt, von 1 Fuß Durchmesser und 2½ Zoll Dicke, gefunden; die Platte hat zu beiden Seiten des runden Loches in der Mitte 2 schwalbenschwanzförmig eingehauene Vertiefungen zum Einlassen einer Zwinge. Der Stein scheint mittelalterliche Arbeit zu sein. Es ist unerklärlich, wie er in diesen Pfahlbau kommt. Vgl. oben S. 45.

Mit großer Sicherheit läßt sich dagegen der auf der Steindrucktafel IV, Fig. 3 abgebildete Spindelstein aus gebranntem Thon, welcher in dem Pfahlbau zu Gägelow

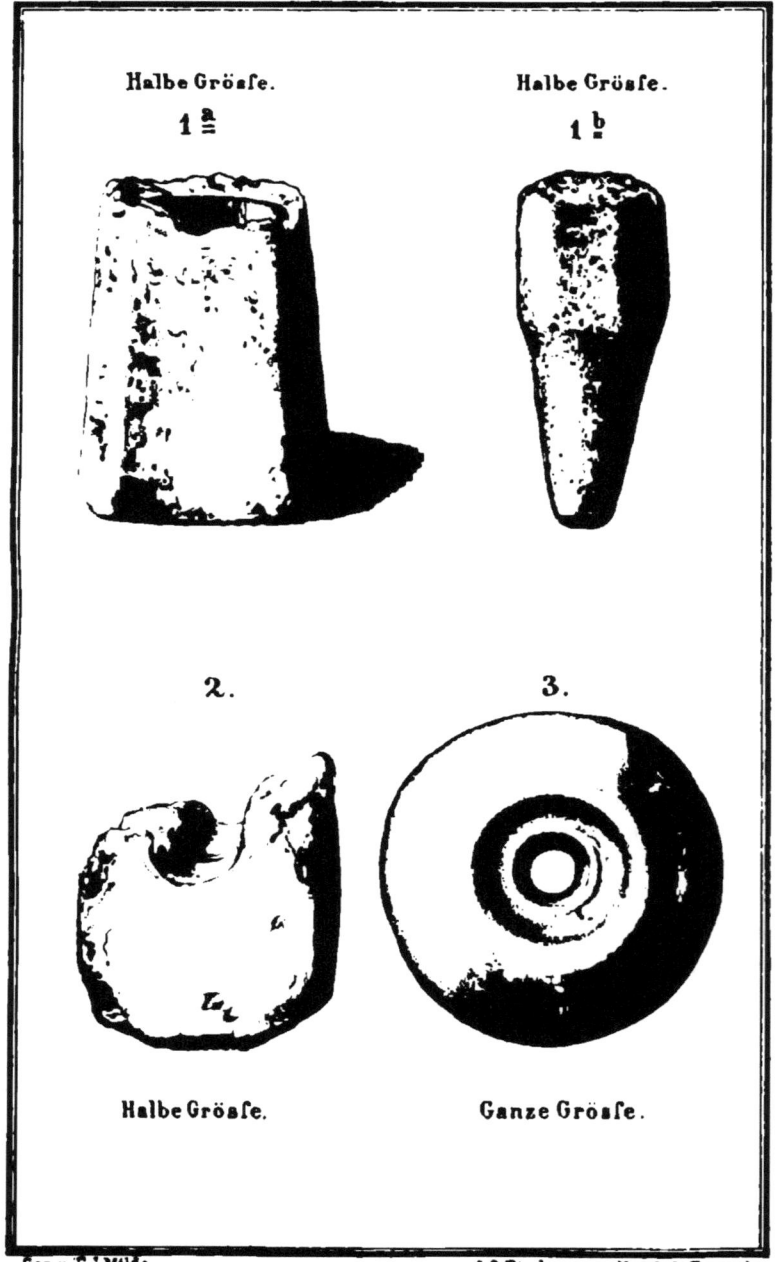

Halbe Grösfe.   Halbe Grösfe.

$1\frac{a}{=}$ $1\frac{b}{=}$

2.   3.

Halbe Grösfe.   Ganze Grösfe.

Gez. v. T.J. Milde.   J.G. Tiedemanns Hof-Sidr Rostock.

gefunden ist, der Steinzeit zuweisen. Er besteht aus gelblich vom Hausbrande gebranntem Thon, hat 1½ Zoll im Durchmesser, ist roh gearbeitet und gleicht ganz den in den schweizerischen Pfahlbauten häufig gefundenen Würteln. Er ist auf der einen (in Abbildung gegebenen untern) Seite aus freier Hand auf dem Finger gedreht, auf der andern Seite glatt und wenig convex gewölbt. Ein in dem Pfahlbau von Wismar gefundener Spindelstein scheint einen jüngern Charakter zu haben (vgl. S. 50).

Bisher einzig in seiner Art in Meklenburg ist der auf der Steinbrucktafel IV, Fig. 2 abgebildete durchbohrte Thonkegel, welchen ich entweder für eine „Gewichtkugel", oder einen „Zettelstrecker" zum Weben, oder für einen „Netzsenker" zum Fischen halte. Es ist ein Kegel oder vielmehr eine vierseitige Pyramide, 2½ Zoll groß in der Basis und vielleicht noch ein Mal so hoch, aus leicht gedörrtem, festem Thon, an einer Seite von Rauch geschwärzt, ungefähr in der Mitte durchbohrt. Leider fehlt dem Geräthe der obere Theil, da es durch die Mitte des Loches durchgebrochen ist. Keller (Erster Bericht, S. 94, und Taf. IV, Fig. 15, vgl. Staub, S. 48, Fig. 25) hält sie für Senksteine zum Fischen. Wenn diese Geräthe hiezu auch die passende Form haben, so erscheint mir der Thon, aus dem das Geräth von Gägelow gemacht ist, zu diesem Zwecke zu weich zu sein. Ich glaube vielmehr, daß diese Thonkegel zu „Zettelstreckern" benutzt sind, d. h. zu „Gewichtkugeln", mit denen beim Weben der Leinewand auf einem senkrecht stehenden Webestuhl die Fäden des Aufschlags oder die „einzelnen Gänge" unten beschwert wurden (vgl. Keller, Vierter Bericht, S. 21—22, und Staub, S. 56). Mehrere schweizerische Forscher erkennen ähnliche Thonkugeln für solche Zettelstrecker; andere neigen sich aber auch dahin, auch die Thonkegel dafür zu halten. Daß die Leinweberei zur Zeit des Gägelower Pfahlbaues bekannt war, beweiset die gewebte Leinwand, welche im Pfahlbau von Wismar gefunden ist (vgl. oben S. 60).

Ferner fanden sich zum Beweise überall zahlreiche Scherben von sehr großen, dickwandigen Töpfen, welche nach heidnischer Weise bereitet und im Innern mit grobem Granitgrus durchknetet sind. Die Töpfe müssen zum Theil sehr groß gewesen sein, da die Schwingungen der Scherben sehr weit sind. Einige Scherben haben die Dicke von fast ¾ Zoll. Einige sind röthlich gebrannt, andere geschwärzt, auch gehenkelt. Diese großen, dickwandigen Töpfe sind ohne Zweifel Kochtöpfe der Steinzeit, wie sich dieselben ganz genau auch in

ben Höhlenwohnungen Meklenburgs und in den Pfahlbauten
der Schweiz finden. Andere Seitenstücke und Randstücke,
auch mit kleinen Henkeln, sind dünner und scheinen zu Krügen
gehört zu haben (vgl. oben S. 47). An einigen Bodenstücken
und Seitenstücken sitzen inwendig schwarze, zähe Massen, als
wären dies Ueberreste oder Niederschlag von gekochten Speisen.
Einige wenige Scherben gehören zu kleinen Krügen von
feiner Masse, dünnen Seitenwänden, gleichmäßig dunkelschwarzer
Farbe, glänzender Politur; ein Randstück, das einzige mit
Verzierung, zeigt feine, eingeritzte, parallele Schrägelinien;
diese Stücke gleichen ganz manchen feinen, schwarzen Begräbniß-
urnen der Bronzeperiode (vgl. oben S. 47).

Bei den Topfscherben fanden sich überall auch viele
Thierknochen, welche, wie die Thierknochen in den Höhlenwohnungen von Drevesfirchen alle queer zerhauen sind, um
das Fleisch mit den Knochen in die Kochtöpfe bringen zu
können. Diese Thierknochen sind für die Beurtheilung des
Pfahlbaues von großer Wichtigkeit. Ich sandte deßhalb dieselben an den Herrn Professor Rütimeyer zu Basel, welcher
sich darüber folgendermaßen brieflich äußert.

„Die bisher gefundenen Thierknochen von Gägelow
„sind folgende:

„Rind: Bos taurus, Kuh, und zwar Hausthier:
    „Schädelstück, mit dem rechten Horn,
    „Schädelstück mit dem linken Horn,
    „3 kleine Hörner,
    „1 Stück vom rechten Schienbein,
    „2 Stücke vom linken Oberarm,
    „1 rechtes Schulterblatt,
    „1 Fersenbein von einer kleinen Kuh, ohne Zweifel
    „Bos brachyceros, unzweifelhaft benagt, wahr-
    „scheinlich von Thieren;
„Pferd: Equus caballus:
    „1 linke Beckenhälfte,
    „1 Stück vom rechten Oberschenkel,
    „1 dritter unterer rechter Backenzahn,
    „1 Eckzahn eines männlichen Pferdes;
„Ziege: Capra hircus:
    „3 Hörner,
    „1 Vorderarmknochen, linke Speiche.
„Ueber das Rind. Die Skeletstücke gehören durchweg
„kleinen Thieren an, einige auch noch jungen Thieren (die
„beiden Oberarmknochen), einem sehr kleinen, erwachsenen Thiere
„das Schulterblatt, einem mittelgroßen Thiere das Schienbein.

„Ueber Race laſſen die Knochen, außer dem Schädelſtücke nichts
„vermuthen, unzweifelhaft aber gehören ſie zahmen Thieren
„an. Das Schädelſtück, welches den Hörnern des Wismar-
„ſchen Pfahlbaues völlig gleich iſt, ſtammt von einem größeren
„Thiere, als alle anderen Knochenſtücke, und ebenfalls von
„einem Hausthiere. Die Race iſt jedenfalls durchaus
„nicht mehr rein, ſondern aus mehrern Quellen gemiſcht.
„Im Ganzen trägt das Schädelſtück den Typus der Primi-
„genius=Race; dies geht hervor aus dem breiten Anſatz
„des Hornzapfens an die Stirne, der derben Textur des Horn=
„zapfens und den ſtarken Furchen an deren Hinterrand. Allein
„die reinen Primigenius=Schädel haben eine vollkommen flache
„Stirn mit gerader Hinterhauptskante, niedrigem Stirn=
„(Occipital=)Wulſt und geringere Diploë des Schädels, dabei
„weniger abgeplattete Hörner und ſteilere Emporrichtung ihrer
„Spitzen. — Alle dieſe letzteren Eigenthümlichkeiten, namentlich
„aber die gewaltige Diploë und die Depreſſion der Horn=
„zapfen und die Kantenbildung am hintern Umfange der letztern
„ſind ſonſt bei der Frontoſus=Race zu Hauſe, ſo daß ich eine
„Miſchung von Bos Primigenius mit Bos Frontosus
„in dieſem Schädel vermuthe, jedoch offenbar mit Vorwiegen
„des erſtern. Hiergegen ſpricht nur ein Umſtand, der ſehr
„dichte Hornanſatz und das offenbar ſehr ſchmale Hinterhaupt;
„allein beides finde ich, trotzdem daß ein Einfluß von Bos
„Frontosus das Occiput von Bos Primigenius noch breiter
„machen ſollte, doch bei recenten Schädeln, welche ich ebenfalls
„einer ähnlichen Miſchung von Bos Primigenius und Bos
„Frontosus zuſchreibe. Es ſtimmt nämlich das Schädelſtück
„von Gägelow vortrefflich zu Schädeln der jetzigen Weſter-
„wälder und Vogelsberger Race, die ich beurtheile als
„eine mit Bos Frontosus gemiſchte Primigenius-Race. (Ueber
„Bos Primigenius vgl. Jahrb. XXIX, S. 275 flgb.:
„Rinderſkelet von Malchin.)

„Ueber das Pferd. Die vorliegenden Ueberreſte ge=
„hören einem kleinen Schlage an, welcher kleiner war, als
„das arabiſche Pferd; allein ſie bieten durchaus nichts dar,
„was zu einem eingehenden Urtheil berechtigen dürfte.

„Ueber die Ziege, von der nur ein Knochen vorhanden iſt,
„läßt ſich ſagen, daß es ein ziemlich anſehnliches Thier war.“
In ſeiner gedruckten Fauna der Pfahlbauten der Schweiz
ſagt Rütimeyer über die

„Ziege“

S. 227: „In den ältern Pfahlbauten der Schweiz über-
„wiegt die Ziege das Schaf in Menge in unverkenn-

„barem Grabe, nach ben neuern hin kehrt sich bas Verhältniß
„um. Es fällt bies insofern auf, als bie historischen Nach-
„richten über unsere Hausthiere bas Schaf überall mit bem
„ältesten Hausthier, ber Kuh, erwähnen, während bie Ziege
„erst viel später genannt wirb. — Die Reste weisen auf ein
„Thier, bas von ber in ber Schweiz so allgemein verbreiteten
„gewöhnlichen Race heutiger Ziegen nicht im geringsten abwich
„unb, wie biese, in Größe nicht sehr viel variirte.“

„Sollte man nach ben wenigen Resten irgenb einen Schluß
„ziehen bürfen, so wäre er, spätere Funbe vorbehalten, folgen-
„ber. Die Sammlung enthält:

„1) nur Hausthiere,
„2) keine reine Viehrace,
„3) babei Pferd unb Ziege.

„Wenn nicht noch zu erwartenbe Funbe bieses Resultat
„änbern, so erscheint, im Vergleich zu ben schweizerischen Re-
„sultaten, biese Knochenablagerung relativ sehr jung, jeben-
„falls viel jünger, als bas Steinalter in ber Schweiz, wo
„Hausthiere nur spärlich unb nur in reinen, ben Stamm-
„thieren höchst ähnlichen Racen sich finben, auch bas Pferd
„wahrscheinlich als Hausthier fehlt. Auch in anderer Beziehung
„weicht bie kleine Sammlung von Gägelow von ben schweize-
„rischen Pfahlbauüberresten ab. In biesen ist keine Spur von
„Bos Frontosus.“

„Dennoch, schreibt Rütimeyer weiter, muß ich bas
„Fragment von bem Stierschäbel burchaus für alt
„halten, unb von bemselben Alter, wie alle anbern bort ge-
„funbenen Thierknochen. Es hat vollkommen bie Farbe, Textur,
„Schnittspuren unb, was nicht ohne Interesse ist, bie gleichen
„Umfangsverhältnisse, wie unsere Torfknochen, unb es müßte
„ein auffallenber Zufall sein, wenn neben ben anbern Knochen
„ein solches Hornstück, so zerbrochen, so zugeschnitten, so er-
„halten, aus späterer Zeit hinzugekommen wäre. Daß neuere
„Knochen auch biese Farbe tragen könnten, bezweifle ich zwar
„nicht, aber bie Schlachter hatten schon bamals ihre bestimm-
„ten Zerlegemethoben, eben so gut wie bie unsrigen, aber ver-
„schieben von biesen.“

Es fanben sich auch Bruchstücke von bearbeiteten Hölzernen Geräthen, welche fast bas Ansehen unb ben Geruch
von Braunkohle haben.

Um nun bie Aehnlichkeit mit ben schweizerischen Pfahlbauten zu vervollstänbigen, läßt sich noch berichten, baß sich
wieberholt Haselnüsse unb Schalen von aufgeknackten Haselnüssen in bem Mober fanben.

Auch Pflanzensamen fanden sich in der Tiefe überall und zahlreich zwischen den Schichten des reinen, dunkelbraunen Pflanzenmoders; jedoch lagen die Körner nur zersprengt und nicht haufenweise neben einander, so daß sie wohl nicht gut verloren gegangene Massen gesammelten Samens sein konnten, wie in der Schweiz. Es waren ziemlich wohl erhaltene, glänzende, gelbliche Kapseln desselben Samens, welche überall in den Moder eingesprengt waren. Es ist nur noch die glänzende Haut vorhanden, der Kern der Körner ist, wahrscheinlich durch Keimen, verschwunden. Nach der Bestimmung des Herrn Professors Röper zu Rostock gehört der Same sicher der Gattung des Potamogeton an, wahrscheinlich dem Potamogeton natans, einer sehr gewöhnlichen Wasserpflanze, welche aus der Tiefe der Gewässer emporkommt und mit ihren Blättern und Blüthen die kleinen Seen und Teiche bedeckt. Diese Samenkörner hangen also nicht mit dem Pfahlbau zusammen.

Das Resultat der ganzen Untersuchung wird nun dahin ausfallen, daß der Pfahlbau von Gägelow der jüngsten Zeit der Steinperiode angehört. Daß er überhaupt noch in die Steinperiode fällt, geht daraus unwiderleglich hervor, daß sich, außer den thönernen Geräthen mit dem Charakter der Steinperiode, nur steinerne Geräthe finden und Metall ganz fehlt. Dagegen scheinen die Thierknochen zu sprechen, welche alle nur Hausthieren, und darunter dem Rind von gekreuzter Race, angehören. Jedoch sind die Thiere und Racen noch alt, und man muß im Norden vielleicht ein anderes Verhältniß vermuthen, als in der Schweiz, wo in den Pfahlbauten der Steinperiode das uralte Rind von der Frontosus-Race ganz fehlt. Für die Steinperiode spricht vorzüglich der oben beschriebene, später entdeckte Pfahlbau von Wismar und die Höhlenwohnung von Dreveskirchen, welche dieselben Thierknochen enthalten, aber nach allen Geräthen sicher in die Steinperiode fallen. Jedoch wird man einräumen müssen, daß der Pfahlbau von Gägelow der jüngsten Zeit der Steinperiode angehört, da in demselben schon durchbohrte Streitäxte von einer jüngern und schönern Form, als der einfachen Form der Steinperiode, vorkommen, welche die dänischen Forscher nach mannigfachen Erfahrungen schon der Bronzeperiode zuschreiben.

Unbestimmte Pfahlbauten in Meklenburg.

Wenn man alle Umstände und Erscheinungen bei der Entdeckung der Pfahlbauten von Gägelow und Wismar sorgfältig betrachtet, so wird man zu der Ansicht gelangen, daß viele Alterthümer, welche in größerer Zahl nach und nach an denselben Stellen in Torfmooren gefunden und zu verschiedenen Zeiten in die Vereinssammlungen gekommen sind, ebenfalls von Pfahlbauten stammen, welche nur nicht als solche erkannt und gehörig beobachtet sind. Wenn man diese nach und nach an Einem Orte gefundenen Alterthümer auf Eine Stelle zusammenbringt und an Ort und Stelle darüber genauere Nachforschungen anstellt, so wird man zu der überraschenden Erkenntniß kommen, daß Ueberreste eines Pfahlbaues vorliegen. Zu einem solchen Pfahlbau gehören z. B. gewiß die Alterthümer aus dem Sühring-Moor bei Bützow.

Pfahlbau von Bützow.
von
G. C. F. Lisch.
(Neue verbesserte Auflage aus Jahrb. XXIX, S. 131 flgb.)

Vor dem Rostocker Thore der Stadt Bützow liegt in einer Viehweide im sogenannten Sandfeldsbruch, an dem Ackerschlage Freiensteinsberg, nicht weit von Parkow, ein Torfmoor, welches „die Sühring" genannt wird, eine im Lande oft vorkommende Benennung. In neueren Zeiten wurden beim Torfstechen nicht weit vom festen Boden im Moor an Einer Stelle zu verschiedenen Zeiten immer viele Alterthümer gefunden, welche sich hinterher als Reste eines Pfahlbaues deuten lassen. Es ist dies erst nach völliger Erschöpfung der Alterthümer auf dieser Stelle zum Bewußtsein gekommen und daher während des Grabens nicht so genau darauf geachtet, als zur sicheren Erkenntniß nothwendig gewesen wäre. Die Erfahrung steht aber fest, daß die Alterthümer von der Sühring alle auf Einer Stelle nicht weit vom Rande des

Moores in der Tiefe desselben lagen und daß die Auffindung ganz aufhörte, als die Torfstecher mehr nach der Mitte des Moores vordrangen. Die mehr künstlich bearbeiteten Alterthümer sind durch die Fürsorge des Herrn Friedr. Seidel zu Bützow alle in die Sammlungen zu Schwerin gekommen.

Die Arbeiter berichteten wiederholt, daß sie oft auf viel Pfahlwerk, auch auf liegende Balken, von schwarzem Holz gestoßen sind, welches sie aber nicht weiter beobachtet und beim Torfstechen als Moder mit ausgegraben und als Torf verarbeitet haben. Die Beobachtungen sind bis in den Monat Mai 1864 fortgesetzt, leider aber durch die heftigen Regengüsse, welche das Moor unter Wasser setzten, unterbrochen.

An denselben Stellen bei den Pfählen, sind ungefähr seit dem Jahre 1860, in den Jahren 1860—62 nach und nach folgende Alterthümer gefunden und an die schweriner Sammlungen abgegeben:

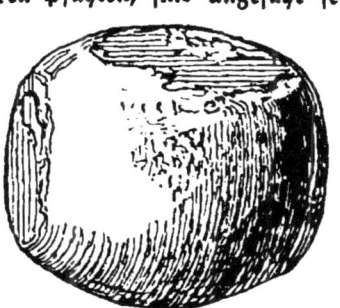

Halbe Größe.

2 kugelförmige Reibsteine aus feinkörnigem Granit, von gewöhnlicher Größe (Jahrb. XXVI, S. 133);

1 kugelförmiger Reibstein eben so (Quartalbericht, October 1861, XXVII, 1, S. 3);

1 halbmondförmiges Messer (Säge) aus geschlagenem Feuerstein (Jahrb. XXVI, S. 133);

1 halbmondförmiges Messer (Säge) aus geschlagenem Feuerstein (Quartalbericht, October 1861, XXVII, 1, S. 3);

1 halbmondförmiges Messer (Säge) aus geschlagenem Feuerstein, welches im Anfange des Torfstiches 1864 gefunden ist.

Halbe Größe.

7*

Nach den sichern Berichten der Torfarbeiter sind früher außerdem an der Fundstelle noch

    1 Keil aus Feuerstein und

    1 durchbohrte Streitaxt

gefunden, welche von den Arbeitern in ihrer Hütte aufbewahrt wurden, denselben aber gestohlen sind.

Außer diesen steinernen Alterthümern ward auch

    1 Nadel aus Bronze,

3½ Zoll lang, gefunden (Quartalbericht, Januar 1861, XXVI, 2, S. 4).

Auch Alterthümer aus Horn wurden gefunden, nämlich:

    1 Ende von einem starken Hirschgeweih, welches offenbar durch Feuersteinkeile abgeteilt und bearbeitet ist (Jahrb. XXVI, S. 133), und

    1 Ende von einem dünnen Rennthiergeweih, ebenfalls mit Spuren von Bearbeitung (Jahrb. XXVI, S. 301), jedoch mit wenig Fettgehalt, also vielleicht älter als der Pfahlbau.

Auch Haselnüsse zeigten sich wiederholt, auch noch im J. 1864.

Nach den Berichten der Arbeiter sind auch viele Thierknochen gefunden, jedoch fast alle weggeworfen.

Im Jahre 1864 ward noch ein unterer Milchzahn von einem Schwein gefunden, dessen Race nicht bestimmbar ist. Der Zahn hat ganz die Farbe der Pfahlbauknochen.

Früher ward auch ein Hundsschädel (Jahrb. XXVII, 1861) gefunden; Rütimeyer urtheilt hierüber also: „der „Hundsschädel aus der Sühring bei Bützow gehört nach der „Form noch einem Pfahlhunde des schweizerischen Steinalters „an, ist jedoch größer und stärker, als dieser, und ist an Größe „und Form zwei Schädeln aus dem Pfahlbau von Wismar „völlig gleich, jedoch an Farbe noch etwas heller, als diese.

Im Frühling 1864 ward noch ein bedeutender Fund gemacht. Es wurden nämlich beim Torfstechen viele Knochen von einem großen Wiederkäuer nahe bei einander gefunden, nämlich der linke Unterkiefer, ein Schulterbein, acht Rippen und fünf Halswirbel. Die Knochen haben alle die charakteristische schwarze Farbe der Pfahlbauten der Steinzeit und von den Rippen scheinen mehrere absichtlich zerschlagen zu sein; vielleicht sind dies aufgehobene oder gesammelte Knochen, um Geräthe daraus zu verfertigen. Rütimeyer, welcher den Unterkiefer zur Ansicht gehabt hat, bestimmt denselben also: „Unterkiefer aus der Sühring bei Bützow. Einem

„zahmen Rinde von sehr beträchtlicher Größe ange-
„hörend, wie sie heute nicht sehr häufig vorkommt, am ersten
„aber bei den großen Schlägen in den Marschen von Holland,
„Friesland u. s. w. Unterkiefer von vollkommen gleicher Größe
„fanden sich auch in der Schweiz in dem Pfahlbau von Mün-
„chenbuchsee. Ich zweifle nicht, daß die Knochen von Bützow
„einem Hausthiere der Primigenius-Race angehörten,
„das hinter der wilden Stammform an Größe nur sehr wenig
„zurückblieb." Nach Vergleichung mit andern Schädeln in den
Sammlungen zu Schwerin hat sich ergeben, daß der Unterkiefer von Bützow nur wenig kleiner ist, als der des riesigen
wilden Primigenius-Stieres von Tobbin, eines der größten
Exemplare, und eben so viel größer ist als der des zahmen
Primigenius-Stieres von Malchin (vgl. Jahrb. XXIX, S.
275 flgb.)

Nach diesen vielen Beobachtungen ist es kaum zu be-
zweifeln, daß hier ein Pfahlbau gestanden hat, und daß
dieser nach allen Eigenthümlichkeiten den Pfahlbauten von
Wismar völlig gleich gewesen ist.

Meerpfahlbauten von Wismar,

von

G. C. F. Lisch.

(Neue verbesserte Auflage aus Jahrb. XXIX, S. 132 flgb. und 136 flgb.)

Mehrere glaubwürdige Nachrichten lassen darauf schließen,
daß auch an den Ufern des Wismarschen Meerbusens der Ostsee in den ältesten Zeiten Pfahlbauten gestanden haben.

Der Herr Rentier Mann zu Wismar gab nach vielfacher
öffentlicher Besprechung der bekannten schweizerischen Pfahlbauten darüber im Jahre 1863 zuerst folgende Nachrichten.
Bei der seit zehn Jahren (seit 1854) betriebenen Reinigung
und Verbreiterung des Fahrwassers für die Seeschiffe durch
einen Bagger sind in dem Meerbusen von Wismar nicht weit
von dem Ufer in den ungeheuren Massen des ausgebaggerten
Moders oft sehr zahlreiche Alterthümer beobachtet worden,
namentlich zahllose Thierknochen, feuersteinerne Keile und

Dolche oder Messer, Hirschgeweihe u. s. w. Alles dies
ist aber zum größten Theile mit dem Mober an tiefen Stellen
des Meerbusens wieder versenkt, zum kleinsten Theile von den
Arbeitern gesammelt, aber bald wieder zerschlagen oder sonst
zerstreut, so daß gegenwärtig wohl nichts mehr davon aufzu=
finden sein dürfte. Solche alterthumsreiche Stellen fanden sich
namentlich von Wismar aus an dem rechten Ufer des Meer=
busens hinter dem sogenannten Baumhause[1]). Es sollen
dort auch oft alte Pfähle gefunden sein. Der Herr Mann
hat von den dort gefundenen Alterthümern nichts weiter mehr
auftreiben können, als den unten behandelten verzierten Taschen=
bügel aus Rennthierhorn, welcher jedoch auch in jüngern
Zeiten hier verloren gegangen sein kann.

Der Sergeant Herr Büsch zu Wismar übernahm es
darauf im Jahre 1864, in Grundlage dieser allgemeinen Nach=
richten genauere Nachforschungen bei einzelnen Arbeitern in
Wismar, welche bei der Ausbaggerung des Fahrwassers be=
schäftigt gewesen sind, anzustellen. Das Ergebniß ist folgendes.
Mehrfache Aussagen von Arbeitern geben an, daß an mehrern
Stellen des wismarschen Meerbusens, namentlich in der nächsten
Nähe des Landungsplatzes für die Schiffe bei Wismar (also
hinter dem Baumhause), ferner in der Gegend zwischen Reben=
tin und der Insel Wallfisch, auch in der Nähe des Kirchsees
auf der Insel Poel, sobald sie in dem Mober eine Tiefe von
8 Fuß erreicht gehabt hätten, in der Regel viele Knochen
und „Steine von sonderbarer Form", namentlich von Feuer=
stein, ans Tageslicht gekommen seien. Besonders sind viele
Keile und Schmalmeißel aus Feuerstein gefunden. In
der Regel haben die Arbeiter, wenn sie solche gefunden, die
dünne geschliffenen Spitzen abgeschlagen, um sie zum Feuer=
anschlagen für sich zu verwenden, und die dickern Enden wieder
ins Wasser geworfen. Herr Büsch hat noch ein Mittelstück
von einem großen Schmalmeißel aus Feuerstein, 4 Zoll
lang, 1½ Zoll breit und ⅜ Zoll dick, in Wismar aufgetrieben.
Dies ist aber der einzige Ueberrest aus Stein; alle andern
Alterthümer sind spurlos verschwunden. Zwei Feuerstein=
messer, „sehr zerhackt", das eine aus gelbem, das andere
aus weißem Feuerstein, sind beim Auffinden von den Arbeitern
an einen englischen Steuermann verkauft. Ein Hirschgeweih
mit abgesägten Spitzen und eingebohrten Löchern ist an einen

---

[1]) Der Platz dieser Pfahlbauten und das Baumhaus bei Wismar sind
auf der oben beigegebenen Karte unten links in der Ecke zu sehen
und bezeichnet.

Kaufmann in Wismar verkauft und später an die Sammlungen zu Schwerin gekommen. Eine „trichterförmig ausgehöhlte Schale von Stein" (Mühlstein?) ist in der Nähe von Wismar wieder ins Wasser versenkt. Bronzesachen sollen viele gefunden, aber an den Kupferschmied Vosseck in Wismar verkauft und von diesem eingeschmolzen sein.

Der Herr Rentier Mann hat nachträglich in Wismar noch ein werthvolles Stück aufgetrieben und dem Vereine geschenkt. Dies ist

1 abgehacktes Hirschhornende, von einem großen Hirsch, 6 Zoll in grader Richtung lang, welches am dicken Ende etwas ausgehöhlt und mit einem Loche (zum Anhängen) durchbohrt und am spitzen Ende weit hinauf und auf der Außenkante abgerieben und glänzend geglättet ist. Solche Hirschhornenden werden oft in den Pfahlbauten gefunden und zu Werkzeugen gedient haben. Auch in dem Torfmoor von Cambs bei Schwaan ward neben 5 Feuersteinsägen ein ähnliches, jedoch kleineres Hirschhornende gefunden, welches aber nach der Durchbohrung mit doppeltem Loche als Streitaxt oder Hacke gebraucht sein wird.

Sehr merkwürdig ist die Auffindung des oben erwähnten hörnernen Taschenbügels. Dieses Geräth besteht aus einem gespaltenen, halben Horne, welches fast regelmäßig weit kreissegmentförmig gebogen und in grader Linie $10\frac{1}{2}$ Zoll lang, überall $1\frac{1}{4}$ Zoll breit und in der Mitte ungefähr $\frac{5}{8}$ bis $\frac{3}{4}$ Zoll dick ist. Die untere Fläche ist in der Mitte porös, grade und geglättet. Die obere, glatt bearbeitete Fläche ist gewölbt, mit einem klar ausgedrückten Mittelrücken, der ganzen Länge nach in der Mitte mit Vierecken, an beiden Seiten mit eingreifenden Dreiecken verziert, welche alle von eingegrabenen Linien gebildet und mit eingegrabenen dichten, etwas unregelmäßigen Linien gefüllt sind. Die beiden Enden sind in zwei kleinen Halbkreisen ausgekehlt und jede der nach innen gebogenen Ecken ebenfalls ein Mal. An jedem Ende ist ein großes Loch durchgebohrt; an der innern Biegung sind zehn kleinere Löcher durchgebohrt. Die nach außen gebogene Rundung hat keine Löcher. Das Geräth ist nach der innern Structur und der großen Dichtigkeit und Festigkeit der äußern Schale aus Horn gearbeitet, — nach der Krümmung aus Rennthierhorn, auch nach der sehr flachen Rose, von welcher an einem Ende noch etwas erhalten ist. Auch der Herr Professor Rütimeyer zu Basel schreibt darüber: „Der Gegenstand von „halbmondförmiger Biegung ist aus Hirschgeweih verfertigt: „von welcher Hirschart ist schwer zu sagen; jedoch paßt die

„Krümmung in ebener Fläche viel besser in das Rennthier-
„geweih, als in das Geweih irgend einer andern europäischen
„Hirschart." — Es ist die Frage, wozu dieses Geräth gedient
hat und woher es stammt. Es sieht beinahe so aus, wie das
obere oder untere Stück einer geschweiften Lehne eines mo-
dernen Rohrstuhls. Material und Arbeit sind jedenfalls alt,
da sie zwar fest und tüchtig, aber unvollkommen sind. Der
Herr Conferenz-Rath Thomsen zu Kopenhagen giebt über
die Bestimmung willkommenen und genügenden Aufschluß:
„Der gefundene hörnerne Bügel ist die Hälfte von der Ober-
„kante oder dem Schluß einer Tasche, wie solche früher in
„Lappland, besonders von den Frauen, gebraucht wurden, um
„allerlei Nähsachen und Proviant zu transportiren. Der an
„den Bügeln durch die Löcher befestigte Beutel war von
„Rennthierfell. In der ethnographischen Sammlung zu Kopen-
„hagen befindet sich eine solche Tasche mit gleichen Bügeln
„und mit Beutel und" (in der antiquarischen Sammlung sind)
„zwei solche lose Bügel, welche in Gräbern gefunden sind
„(ohne Beutel)." Das im wismarschen Meerbusen gefundene
Geräth kann aus der alten heidnischen Zeit stammen, vielleicht
ist es aber jüngern nordischen Ursprunges und von Schiffern
verloren, jedoch gewiß immer noch alt. Es ward in der Nähe
der muthmaßlichen alten Pfahlbauten mit vielen Hirschhörnern
und Steingeräthen, welche aber alle verloren gegangen sind,
gefunden (vgl. oben S. 103). Der Herr Rentier Mann zu
Wismar hat die Güte gehabt, dieses Geräth dem Vereine zu
schenken. — Es könnte jedoch noch der Zeit der Pfahlbauten
angehören, da in dem Pfahlbau von Wismar ein gleich be-
arbeitetes und mit den alten knöchernen Kämmen ähnlich verziertes, angebranntes Hornende gefunden ist (vgl. oben S. 55).
Nach diesen Nachrichten und Funden scheint es wahrscheinlich zu sein, daß auch an dem Strande des Ostseebusens
in der ältesten heidnischen Zeit Pfahlbauten gestanden haben.
Die Lage scheint zwar nicht ganz passend zu sein, da das
Wasser des Wismarschen Meerbusens halbsalzig ist,
„brackish" oder „bratisch", wie man es nennt. Da es hier
aber an Süßwasserflüssen, welche vom Lande her kommen,
wenn sie auch durch die ehemaligen vielen Festungswerke um
Wismar sehr verändert sind, nicht fehlt, so wäre es möglich,
daß die Menschen ans diesen ihren Bedarf an dem unentbehr-
lichen süßen Wasser geholt haben. Die Lage dieser Pfahlbauten war aber für die Fischerei sehr gelegen. Uebrigens
lagen diese muthmaßlichen Pfahlbauten ganz in der Nähe der
oben beschriebenen Pfahlbauten bei Müggenburg in dem ehe-

maligen Süßwassersee und mögen einst auf dem Wasserwege mit diesen in Verbindung gestanden haben.

Pfahlbauten in Neu-Vor-Pommern,

von

Dr. F. v. Hagenow in Greifswald.

Seit einer langen Reihe von Jahren unterhält die Stadt Greifswald, behufs der Vertiefung des Ryckflusses von der Stadt bis zur Rhede bei Wiek, einen Bagger in Thätigkeit, welcher aus den Moderstellen des Flusses dann und wann alterthümliche Gegenstände zu Tage brachte. Seitdem ich mich im Jahre 1832 in Greifswald ansiedelte und zwei Jahre später die Leitung der Reparatur und Veränderungs-Bauten an der Maschinerie des damaligen, sehr fehlerhaft construirten Pferdebaggers übernahm und dann länger als 10 Jahre hindurch mit dem Baggermeister Gellentin in Verkehr blieb, sind alle gefundenen derartigen Gegenstände in meine Sammlung gekommen. Hierbei zeigte es sich, daß in der Nähe der Stadt nur Gegenstände von Eisen gefunden wurden, nämlich Kanonenkugeln, zwei wohlerhaltene hölzerne Handgriffe von Schwertern, deren Klingen jedoch in dem Brackwasser gänzlich vergangen waren und deshalb nicht gefunden wurden, wogegen im Innern der Griffe noch Spuren ihrer Angeln als Eisenoxyd-Hydrat zu bemerken ist. Ferner wurde neben dem Hofe Ladebow, 800 Schritte von Wiek, eine noch ziemlich wohl erhaltene eiserne Speerspitze von 32 Zoll Länge ausgebaggert. Klumpen von Eisenrost wurden zwar nicht selten gefunden, aber als gänzlich unkenntlich verworfen. Diese Kugeln und die Speerspitze gehören ohne allen Zweifel der christlichen Vorzeit an, was jedoch keineswegs mit gleicher Gewißheit von den Schwertgriffen behauptet werden kann, da ihre höchst ungewöhnliche und auffällige Gestalt und der Umstand, daß einer der Griffe einen verzierten End-Beschlag von Bronze hat, das Zeitalter ihrer Entstehung als räthselhaft erscheinen lassen, und dies um so mehr, als zwei ähnliche Griffe, entweder bei der später genannten Sumpfstelle zu Wiek, oder

ganz nahe dabei gefunden, aber leider nicht beachtet und fort=
geworfen wurden.

Ungleich wichtiger und interessanter waren einige andere
Funde, welche i. J. 1839 zu Tage kamen und erst im Laufe
des verflossenen Jahres 1864 ihre rechte Bedeutung erhielten.
Meister Gellentin baggerte damals im Rydbette neben dem
an der Mündung des Flusses belegenen Fischerdorfe Wlek,
zunächst hinter der Fähre. Das Fährhaus und die Nehls'sche
Schenkwirthschaft liegen dort am linken Ufer des Flusses und
etwa 80 Schritte von demselben entfernt. Der zwischenliegende,
ungefähr 100 Schritte lange Raum läuft gegen den Fluß
hinab in einen Sumpf aus, welcher je nach der Höhe des
Wasserstandes mehr oder minder überschwemmt wurde. An
seiner rechten Seite wird der Fluß dort durch ein Bollwerk
begrenzt, dem gegenüber vom Ende des Sumpfes ab ein
zweites Bollwerk beginnt, wornach beide parallel bis zu den
Molen an der Rhede gegen 400 bis 500 Schritte lang fort=
laufen.

Der gedachte Sumpf ist nun die Stelle, welche unsere
Aufmerksamkeit in Anspruch nehmen wird; denn neben dem=
selben ward zuerst i. J. 1839 ein Feuerstein=Breitmeißel
von ausgezeichneter Größe ausgebaggert. Seine Länge beträgt
12 Zoll und seine Breite in der Schneide 3 Zoll. Im Jahre
1847 fand man ein zweites, sehr wohl erhaltenes, seltenes
Stück, nämlich einen von Hirsch= oder Elen=Geweih ge=
arbeiteten, an beiden Enden flach abgestumpften Hammer mit
länglich viereckigem, sehr genauem und scharfkantigem Schaft=
loche. Die Länge des Stückes beträgt 5 Zoll, sein größter
Querdurchmesser 2 Zoll, und seine Oberfläche ist geebnet und
zwischen ringsum laufenden Rillen mit reihenweise geordneten
vertieften kleinen Doppelkreisen verziert, wie sie in gleicher
Weise auch einen andern, im Torfmoore an der Ufer bei
Rollwitz gefundenen Streithammer mit breiter Schneide, eben=
falls von Hirsch= oder Elen=Horn, bedecken und nur auf
Gegenständen der frühesten Zeit vorkommen. Alle drei Stücke
befinden sich in meiner Sammlung.

Der Baggermeister beklagte sich schon zu jener Zeit
wiederholt über die vielen, im Bette des Ryck stehenden
Pfahlstümpfe, welche dem raschen Fortschreiten der Arbeit
sehr hinderlich und nur selten so vermodert seien, daß die
Baggereimer sie durchschneiden könnten und daher zumeist her=
ausgezogen werden müßten. Es konnte uns damals begreiflich
nicht in den Sinn kommen, Betrachtungen und Untersuchungen
anzustellen, zu welchem Zwecke die Pfähle dort eingeschlagen

waren und ob sie in regelmäßigen Verhältnissen zu einander standen, da die meisten Stümpfe sich in einer Wassertiefe von 6 bis 9 Fuß befanden. Die beiden Antiken aber hielten wir damals für in der Vorzeit verloren gegangene Stücke.

Hiernach ruhte die Sache bis zu Jahre 1859, wo ein Verlängerungs= und Veränderungs=Bau mit den Molen begonnen ward, bei welcher Gelegenheit auch die vielen Fischer=böte, welche bis dahin im Hafen gelegen und ihn lästig beengt hatten, eine zweckmäßigere Anlegestelle erhalten sollten. Man begann daher gleichzeitig den Ryck an der Stelle des gedachten Sumpfes in der Richtung nach dem Nehls'schen Hause heran zu einem großen Bassin zu erweitern, indem man mittelst Auskarrens so weit, wie möglich, vordrang und dann den Rest mit dem Bagger fortnahm und mit diesem weiter in die Tiefe ging.

Da mich bereits im Jahre 1857 das schwere Mißgeschick der Erblindung betroffen hatte, so erfuhr ich über diese Arbeiten nur das, was die verschiedenen Berichterstatter mit eigenen Augen gesehen oder selbst gerüchtweise gehört hatten. Im Jahre 1862 benachrichtigte mich der hiesige Uhrmacher Budag, ein Mann mit offenen und scharf beobachtenden Augen, daß bei den Baggerarbeiten ein ungewöhnlich großer und aus schwarzem, sehr feinkörnigem Stein überaus schön ge=arbeiteter Streithammer mit Schaftloch gefunden und von dem Kunstgießer Kessler hierselbst gekauft worden sei. Sogleich wandte ich mich an diesen, erhielt jedoch die Nachricht, daß er das schöne Stück bereits vor mehreren Tagen für das König=liche Museum an Herrn Generaldirector v. Olfers abgesandt habe.

Im Laufe des Jahres 1863 war ich theils sehr leidend, theils verlebte ich, behufs eines Heilungsversuches meiner Augen, fünf Monate in Berlin und war sehr überrascht, als ich erst im September 1864 wieder von den Bagger=arbeiten reden hörte und Nachrichten über zahlreiche, während der letzten beiden Sommer vorgekommene Auffindungen von Antiken empfing, welche mich in gleichem Grade interessirten und aufregten. Herr Budag hinterbrachte mir nämlich damals die Nachricht, daß er so eben erst von der Ausbaggerung vieler Alterthümer Kunde erhalten habe und deshalb sogleich nach Wiek gegangen sei, um an Ort und Stelle das Nähere zu be=fragen, wo noch immer an der Vertiefung des vorerwähnten Sumpf=Bassins vor dem Nehls'schen Wirthshause gearbeitet werde, und daß es ihm geglückt sei, einen zwar kleineren, aber eben so schönen Streithammer, wie der nach Berlin ge=

fanbte, unb ein bolchartiges Feuersteinmesser zu er-
handeln.

Er zeigte mir diese Stücke, von welchen er sich indeß vorläufig noch nicht trennen wollte, sie aber an Niemand, als an
mich abzugeben versprach. Zugleich machte er mich darauf
aufmerksam, daß ich durch den jetzigen Baggermeister
Kleinvogel ausführliche Nachrichten und gewiß auch noch
einige Antiken erhalten könne. Denn es lägen z. B. vor
dessen Thüre drei große, sonderbar ausgehöhlte Steine,
wovon er mir gewiß einen überlassen werde.

Diese Nachrichten mußten begreiflich sogleich den Ge=
danken an Pfahlbauten in mir erwecken, welcher in Be-
tracht der günstig belegenen Localität an der Mündung eines
Flusses, dessen Wasser fast ohne Gefälle allein von dem Steigen
oder Fallen der Ostsee bald aus= bald einläuft, und beim Rück-
blicke auf die neben der Stelle des erwähnten Sumpfes schon
in früheren Jahren gefundenen Pfahlstümpfe und der bereits
zu Tage gekommenen Alterthümer mehr und mehr in mir
Raum gewann.

Ungesäumt begab ich mich daher zum Hause des Bagger-
meisters, betastete die vor der Thüre liegenden drei Steine
und fand meine Vermuthung bestätigt, daß es Getraide-
Quetschsteine seien, wie dergleichen, halbmuldenförmig
und 100 bis 150 Pfd. schwer, in unseren Küstenländern bekannt sind und namentlich an der Ostseite der Insel Rügen
in großer Anzahl gefunden werden. Die vom Baggermeister
eingezogenen Nachrichten lauteten folgendermaßen: „An der
„Herstellung des neuen Bootshafens zu Wiek, — an der Stelle
„des bisherigen Sumpfes und angrenzenden festeren Vorlandes,
„— ist unter meiner Leitung in den Jahren 1863 und 1864
„gebaggert worden. Nach Entfernung der obern Moder=
„schicht zeigte sich in einer Tiefe von 6 bis 8 Fuß grober
„Strandkies[1]) mit einzelnen kleineren und größeren Steinen,
„wie man sie am Strande zu finden pflegt. Diese Steine
„wurden herausgeschafft, da sie bei den städtischen Bauten
„verwendet werden konnten, und unter ihnen wurden die
„drei, vor meiner Thüre liegenden ausgehöhlten Steine
„gefunden, welche ich, weil sie offenbar von Menschenhänden
„bearbeitet waren, zurücklegen und zur Stadt nach meinem
„Hause transportiren ließ. Auch fanden sich viele abgefaulte
„Pfähle, welche in kleinen Zwischenräumen, meist zu dreien
„nebeneinander standen und in 6 Fuß von einander entfernten

---

[1]) Vielleicht Estrich des Fußbodens der Pfahlhäuser? G. C. F. Lisch.

„Reihen schräge gegen den Fluß hin verliefen. Aus der
„Kies- und vielleicht auch aus der unteren Moderschicht
„sind vielerlei sonderbare Hämmer mit einem Loch, meist
„von schwarzen Feldsteinen sauber gearbeitet, ferner Keile
„und Messer und Dolche von Feuerstein, sehr viele
„Topfscherben, Stücke von Hirschgeweihen und gewaltig
„viele Knochen zu Tage gefördert. Von diesen Gegen-
„ständen ist mir nur ein geringer Theil vor Augen gekommen,
„da sie aus den Baggereimern in die Moderprahme fielen und
„erst beim Ausleeren derselben am Lande von den Arbeitern
„gefunden und dann sogleich unter der Hand und, wie ich er-
„mittelt, zumeist an die zum Bade Gehenden verkauft worden
„sind. Nicht minder wurden die Knochen gesammelt,
„fuhrenweise an die Aufkäufer verhandelt und der
„Erlös sogleich in Branntwein angelegt. Die Arbeiter sollen
„auch eine Anzahl kleiner, theils flacher, theils gewölbter,
„knopfförmiger Steine mit einem durchgehenden Loch
„in der Mitte (offenbar Spindelsteine) gefunden, aber aus
„Unverstand wieder fortgeworfen haben."

Dankbar für diese Mittheilungen bat ich Herrn Kleinvogel bringend, auf Alles, was künftighin noch gefunden werden
möchte und namentlich auch auf Gefäßscherben, Knochen u. s. w.
aufmerksam zu sein und was irgend möglich sei, im Interesse
der Wissenschaft zu retten und keine Trinkgelder zu sparen, um
die Arbeiter zu veranlassen, alles Gefundene für meine Sammlung abzuliefern. Leider erhielt ich hierauf den wenig tröst-
lichen Bescheid, daß die Arbeiten an dem Bootshafen schon
in wenigen Tagen beendet sein würden und daher keine
neuen Auffindungen mehr zu erhoffen ständen, wogegen ich
das Wenige gern erhalten könne, was noch vorhanden sei,
nämlich ein kupfernes Schwert, einen mittelgroßen Streithammer mit Schaftloch und ein längeres starkes Bruchstück eines Hirschgeweihes mit noch daran sitzender Rose.
Auch erhielt ich die beste der drei vorhandenen Quetschmühlen.

Das Schwert hatte zufällig queer vor dem Baggereimer,
7 bis 8 Fuß tief unter Wasser, in grobem und steinigem
Kies gelegen, war gerade in der Mitte von der vorderen Nase
(Schneide) des Eimers erfaßt und und beim Herausreißen
länglich-hufeisenförmig gekrümmt worden. Jahrtausende hindurch der auflösenden Einwirkung des Salzwassers ausgesetzt,
hat ein edler Rost sich nicht bilden können, es ist vielmehr
eine bedeutende Metallschicht durch Einwirkung von Schwefel-
wasserstoff in Schwefelkupfer verwandelt worden, welches im

flüssigen Zustande die angrenzenden Schichten von Kies und kleinen Steinchen wenigstens Zoll stark durchdrungen und dies Alles untereinander und mit dem Schwerte dergestalt verkittet hat, daß es eine homogene, unauflösliche Masse bildet von schwärzlicher Farbe, welche in Folge der Umwandlung der im Kupfer vorhanden gewesenen Spuren von Silber in Chlorsilber mit bläulich = grünem Schimmer angelaufen ist. Diese Masse ist so fest, daß sie nur mittelst Hammerschläge zu zertrümmern und von dem noch übrigen Kupferkern zu trennen sein würde. Durch den Angriff des Baggereimers und das Krummbiegen des Schwertes ist die Kieskruste am mittleren Theile in einer Länge von 5 Zoll abgesprengt und der noch übrige Kupferkern bloß gelegt worden, welcher seine Biegsamkeit noch in so hohem Grade behalten hat, daß ich das Schwert ohne bedeutende Anstrengung mit bloßen Händen wieder gerade richten konnte. Dieser bloß liegende Mitteltheil hat noch die Dicke eines starken Schlachtmesserrückens und eine mittlere Breite von nahe ¾ Zoll Rheinländisch. Am Griffende ragt ein zollanger Theil des Kupfers aus der Kieshülle hervor, woran deutlich zu sehen ist, daß der, mit der Klinge wahrscheinlich aus einem Stück gearbeitet gewesene Griff beiderseits mit Holz, Knochen oder Horn belegt gewesen, wovon u. A. auch ein noch vorhandenes, weit ausgefressenes Nietloch zeugt. Die Länge des Schwerdtes beträgt noch 18 Zoll, doch ist am spitzen Ende ersichtlich ein Stück abgebrochen und verloren gegangen.

Da ich zu gleicher Zeit ermittelt hatte, daß der Handels-mann Schmidt hierselbst alle zu Wiek ausgebaggerten **Thier-knochen und Geweihfragmente** aufgekauft habe, so hielt ich sofort Nachfrage, empfing jedoch die Nachricht, daß er so-gleich Alles an den Handelsjuden Zehden abzuliefern pflege, welcher hier alle **Knochen für eine Fabrik zu Berlin** auf-kaufe. In dem Hause des Juden erhielt ich nun den höchst verdrießlichen Bescheid, daß alle Knochenvorräthe am Tage zu-vor **nach Berlin verladen** und daß ein colossales Stück von 9¼ Pfund Gewicht darunter gewesen sei.

Einige Tage später wurden die Baggerarbeiten zu Wiek geschlossen, und es ist mir nicht geglückt, auch nur einen Knochen oder eine einzige Gefäßscherbe zu erhalten. Eben so wenig gelang es mir, meine kleine Sammlung von 6 Stücken (einschließlich der in früheren Jahren gefundenen beiden Gegenstände) zu vermehren. Bei fortgesetzten Nachforschungen habe ich zwar noch eine Anzahl im Privatbesitz befindlicher Meißel, Hämmer und Messer dieses Fundes ermittelt, welche jedoch zur Zeit weder für Geld, noch für gute Worte zu erlangen sind.. Hierher gehört ein Hammer, dessen Größe und Schönheit gerühmt wird und der von einem Elbenaer Studirenden mit in die Heimath nach Polen entführt worden ist. Die großen Schwierigkeiten, welche dem Nachsuchenden aus unverzeihlicher Geheimthuerei und Ungefälligkeit, aus Eigensinn, Dummheit und Böswilligkeit, sogar mit Lug und Trug gepaart, entgegentreten, verdoppeln, ja verdreifachen sich einem blinden Forscher gegenüber, welcher ungeachtet aller verwandten Mühe und unverdrossenen Eifers am Ende darauf verzichten muß, die Wahrheit zu ermitteln. So hat z. B. ein gewisser Adolph Friedr. Querkopf eine kleine Folge von Waffen aus dem Wicker Funde, welche derselbe nicht nur zu verkaufen oder zu vertauschen sich bestimmt weigert, was ihm als Besitzer auch vollkommen frei steht, sondern sogar ablehnt, die fraglichen Gegenstände vorzuzeigen oder nähere Aufschlüsse über ihre Anzahl und Gestalt zu geben.

Ist es unter so ungünstigen Verhältnissen geradezu unmöglich, die Anzahl der bei Wiek ausgebaggerten Waffen und Geräthe zu bestimmen, so steht es doch fest, daß deren mindestens über 30 gefunden worden sind. Fußend auf der Basis dieser Erfahrungen, Beobachtungen und zuverlässigen Nachrichten bleibt darüber kein Zweifel in mir übrig, an der Stelle des jetzigen Bootshafens bei Wiek und unmittelbar an der vormaligen Mündung des Rydflusses die ersten Pfahlbauten in Neu-Vor-Pommern aufgefunden zu haben. Und da vorzugsweise nur Waffen und Geräthe von Stein und unter diesen allein das Bronzeschwert gefunden worden, so dürfte die Schlußfolgerung gerechtfertigt erscheinen, daß diese Bauten zwar der ältesten der Steinperiode angehörten, aber in dem Zeitabschnitte zerstört wurden, welcher der eigentlichen Bronzeperiode zunächst voranging.

Voraussichtlich wird dieser Auffindung bald noch eine Reihe anderer folgen, wenn man mit einiger Sachkenntniß und offenen Augen an günstig belegenen Stellen, nicht bloß am Rande der Landseen und Meeresbuchten, sondern auch in Torfmooren, den im Verlaufe der Jahrtausende zugewachsenen Gewässern, nachforscht. Die vielen Hünengräber unseres Landes weisen unzweifelhaft darauf hin, daß es lange von jenen zweifelhaften Urvölkern bewohnt gewesen sei, woneben auch die vielen, bereits in Torfmooren gefundenen Alterthümer auf die vorhanden gewesenen Pfahlbauten hindeuten.

Ohne Mühe würde ich mehr als 100 Stellen in Pommern und Rügen namhaft zu machen im Stande sein, wo Pfahlbauten zu vermuthen sind, und es ist nicht unwahrscheinlich, daß sich dergleichen auch noch mehrere im Ryck finden werden, wenn der vor einigen Jahren neu angeschaffte, kräftiger wirkende Dampfbagger erst die gründliche Vertiefung und Erweiterung seines Bettes in Angriff nehmen wird. Und diese Vermuthung hat um so mehr Wahrscheinlichkeit für sich, als die Salzstelle bei Greifswald schon den ältesten Völkern bekannt gewesen sein und eine ausgedehntere Ansiedelung an diesem Orte vorzugsweise veranlaßt haben wird, wie solches auch bei den nachfolgenden Slaven und dann bei den christlichen Bewohnern der Fall war, aus deren successiver Ansammlung der Ursprung der Stadt Greifswald hervorging.

Pfahlbauten in den Vierlanden.

In den großen Wiesenniederungen der Vierlande, zwischen Hamburg und Bergedorf, sollen, nach der Meinung theilnehmender Freunde, viele Pfahlbauten stecken. Es ist wenigstens folgendes gewiß. Auf dem Billwerder ist man vor zwei Jahren beim Torfstechen im Moor, ungefähr 6 Fuß tief, auf aufrecht und eng stehende Pfähle oder Baumstämme gestoßen, welche ein jetzt verstorbener Gutsbesitzer (durch Pferde) hat ausziehen lassen und seinen Leuten zum Verbrennen geschenkt hat. Diese Nachrichten reichen freilich nicht aus; denn Pfähle allein sind noch kein Beweis für ehemalige Pfahlhäuser, namentlich wenn sie noch so fest sind, daß man Gewalt anwenden muß, um sie herauszuziehen, und von bezeichnenden Alterthümern in der Nähe dieser Pfähle hat man nichts gehört. Es ist aber nicht allein möglich, sondern auch wahrscheinlich, daß am Rande der Vierlander Wiesen Pfahlbauten stecken, da die ganze Beschaffenheit des Bodens sehr dafür spricht. Es ist also zur sichern Entdeckung scharfe Aufmerksamkeit auf die Torfmoore nöthig.

G. C. F. Lisch.

Nachtrag
zum
Pfahlbau von Wismar,
von
G. C. F. Lisch.

Bei der Vollendung des Drucks der voraufgehenden Beschreibung des Pfahlbaues von Wismar (S. 1—82) sind
aus diesem Pfahlbau von einer besonders ergiebigen Stelle
noch viele Stücke eingegangen, welche theils die früher gefundenen Stücke ergänzen, theils bisher unbekannt geblieben waren
und für die Erkenntniß des Pfahlbaues und für die Vervoll-
ständigung der bisher gefundenen Sachen zum Theil von sehr
großer Wichtigkeit sind und daher eine nachträgliche Beschreibung verdienen. Außer mehreren gewöhnlichen Thierknochen
und Topfscherben sind noch folgende Gegenstände gefunden.

Geräthe aus Stein. (Zu Abschnitt 6).

Keile (S. 23).

1 Arbeitskeil aus Feuerstein, schwarzbraun, am Bahnende sehr zerschlagen;

1 Arbeitskeil aus Feuerstein, schwarzbraun, zerschlagen
und nur im Beilende vorhanden;

1 Arbeitskeil aus Feuerstein, gelbbraun, an allen vier
Seiten geschliffen, ohne Brüche, am Bahnende noch mit der
Kreidelage der Umhüllung der Feuersteinknolle, also wenig
gebraucht;

1 Schmalmeißel aus Feuerstein, ockergelb, ganz vollständig.

Feuersteinscheiben (S. 33).

1 Feuersteinscheibe, grau, abgeschlagen, jedoch regelmäßig dreiseitig, an allen Seiten stark abgenutzt.

Feuersteinspäne (S. 34).

4 Feuersteinspäne, weißlich, davon zwei zerbrochen.

Feuersteinsägen (S. 36).

1 halbmondförmige Feuersteinsäge, grau, an den
Schneiden fertig, aber auf den Flächen noch nicht ganz vollendet,

beshalb beachtenswerth, weil auch aus diesem Stück hervorgeht, daß die Steingeräthe in den Pfahlbauwohnungen gemacht wurden;

1 halbmondförmige Feuersteinsäge, bräunlich, ganz fertig, groß, 6¼ Zoll lang; in der Mitte sind kleine Kreideknollen eingesprengt, welche aber beim Schlagen, wie gewöhnlich, sehr geschont sind, wahrscheinlich weil die Kreide mürbe ist und sich beim Bearbeiten nicht regelrecht absprengen läßt, also Fehlschläge veranlassen kann.

Feuersteindolche.

1 Dolch aus hellgrauem Feuerstein, nur kurz, gegen 6 Zoll lang, ganz unverletzt. Bisher waren in dem Pfahlbau von Wismar noch keine feuersteinerne Dolche gefunden. In dem Pfahlbau von Gägelow fanden sich zwei feuersteinerne Dolche (vgl. oben S. 91). Dolche gehören zu den selteneren Alterthümern der Steinzeit.

Streitäxte (S. 38).

In dem Pfahlbau von Wismar ward noch eine Streitaxt aus Diorit mit Schaftloch und zugespitzter Bahn gefunden. Dieselbe ist, wenn auch um ein Drittheil kleiner, doch ganz genau so geformt, wie die auf S. 38 unten abgebildete Streitaxt mit zugespitzter Bahn. Diese zweite Streitaxt bietet eine überraschende Bestätigung der oben S. 38—39 aufgestellten Ansicht, daß diese Form der Streitäxte, welche überhaupt in Pfahlbauten selten sind, einer bestimmten Zeit, in welcher die Pfahlbauten von Wismar untergingen, eigenthümlich ist. Dieses Stück hat also hierdurch einen großen Werth, da die fortgesetzten Aufgrabungen die ersten Funde und die Ansichten darüber bestätigen.

Reibsteine (S. 41).

1 Reibstein aus ganz weißem, altem Sandstein, völlig kugelförmig;
1 Reibstein aus Gneis, viel abgeschliffen, etwas flach, unregelmäßig.

Geräthe aus Knochen und Horn.
(Zu Abschnitt 8).

1 langer Kamm aus Knochen, wie Abbildung S. 54 oben, 5½ Zoll lang, 3 Zoll breit, ¼ Zoll dick, mit 7 Zähnen, grade und platt gearbeitet, durchgebrannt, kalkfarbig, zerbrochen.

1 langer hier abgebildeter Kamm aus Knochen, eben so, 5¼ Zoll lang, 3 Zoll breit, ¼ Zoll dick, mit 6 Zähnen, durchgebrannt, kalkfarbig, ganz zerbrochen, in der Oberfläche mit der natürlichen, rundlichen Biegung des Knochens, auf dem Griffe mit einer eingeschnittenen, kreuzförmigen Verzierung, ganz wie die des Kammes S. 53 oben, jedoch größer. Diese langen „Nestkämme" sind jetzt ganz sicher zusammen-

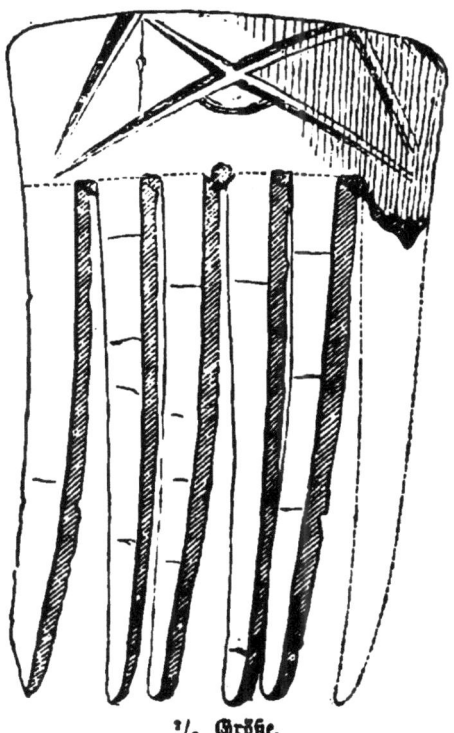

²/₃ Größe.

gebracht und zu erkennen, wie die Abbildung zeigt. Dagegen wird das auf S. 54 abgebildete Geräth kein Kamm, sondern eine sogenannte „Filetnadel" oder „Gaffel" zum künstlichen Knoten von Schnüren, wie dergleichen wohl noch heute im Gebrauche sind, sein sollen, da an der Stelle des in der Zeichnung ergänzten mittlern Zahns am Original ursprünglich kein Zahn gesessen zu haben scheint. Auch wird das auf S. 53 abgebildete Bruchstück kein Bruchstück eines Kammgriffes sein, da eine daran passende schmalere Verlängerung von glattem

8*

Knochen ohne Verzierungen gefunden ist. Vielleicht war es eine Art Messer oder Spachtel.

1 gespaltener Knochen, Bruchstück, zur Verfertigung eines Kammes vorbereitet, ungefähr 4 Zoll lang, mit der natürlichen, runden Wölbung des Knochens auf der Oberfläche, an einem Ende mit einer glatten Sägefläche, durchgebrannt, kalkfarbig, zerbrochen, ähnlich wie S. 55 unten.

1 Falzbein (Netzstricknadel?) aus Knochen, wie Abbildung S. 54 unten links, 5½ Zoll lang, nicht angebrannt, von der schwarzbraunen Farbe der Pfahlbauknochen.

1 Falzbein, eben so groß, ebenfalls nicht angebrannt, von schwarzbrauner Farbe.

1 Falzbein, eben so, gegen 10 Zoll lang, durchgebrannt, kalkfarbig, zerbrochen.

1 Falzbein, eben so, durchgebrannt, kalkfarbig, Bruchstück; das obere Ende fehlt, die vorhandene Spitze ist noch 7 Zoll lang.

1 Taschenbügel aus Horn. In dem Pfahlbau von Wismar ist ein Bruchstück einer langen, schmalen, verzierten Platte aus Horn, von 7½ Zoll Länge, gefunden, welche ich für einen Taschenbügel erklärt habe; dieses Bruchstück ist S. 55 unten und hier wieder abgebildet und beschrieben und

¹/₂ Größe.

S. 104 flgb. weiter erklärt. An derselben Stelle ist nun noch das Gegenstück gefunden, welches zwar auch durchgebrannt und zerbrochen, aber vollständig wieder zusammengebracht

¹/₂ Größe.

ist. Dieser Bügel ist im Ganzen 12 Zoll (28 Centimetres) lang, und eben so breit und eben so verziert, wie das auf S. 55 und hier oben wieder abgebildete Bruchstück. Das vollständige Stück hat 19 eingeschnittene, runde Verzierungen; an jedem Ende ist aber eine Strecke 1¼ Zoll lang nicht verziert, sondern mit einem runden Loche in der Mitte der Strecke, zum Anheften, durchbohrt. Wir haben hier also zwei Bügel, welche offenbar zusammen gehören und den Schluß einer Tasche gebildet haben, in der vielleicht die kleinen Knochengeräthe aufbewahrt waren.

Nachdem diese Entdeckung gemacht ist, kann ein früherer Fund hiedurch seine Erklärung finden und wieder eine Erläuterung zu dem Funde im Pfahlbau abgeben. Im J. 1849 wurden zu Klaber bei Teterow in einem Moderloche 16 Fuß tief zwei gleiche, auf einander passende und an den Enden und auch an einigen Stellen an den Rändern durchbohrte Hirschhornplatten gefunden, welche in Jahrbüchern XIV, S. 341 abgebildet und beschrieben und hier wieder abgebildet sind.

¹/₃ Größe.

Diese vollständigen Platten, welche nicht angebrannt sind und die Farbe der Pfahlbauknochen haben, sind nur 7¼ Zoll lang; die Ränder sind sehr glatt abgegriffen. Ich habe diese beiden Platten in den Jahrbüchern a. a. O. für einen Griff erklärt, in welchen steinerne Geräthe eingebunden gewesen sein könnten; ich zweifle jetzt aber keinen Augenblick daran, daß sie zu Taschenbügeln gedient haben.

Diese Ansicht erhält durch das

Leder (zu Abschnitt 9),

welches in dem Pfahlbau von Wismar gefunden ist, überraschende Bestätigung. Es ist oben S. 56 sehr regelmäßig durch Pressungen verziertes Leder beschrieben und auf der beigegebenen Steindrucktafel III. abgebildet. An derselben Stelle ist nun noch mehr von demselben feinen, verkohlten und stark berußten Leder gefunden. Ich halte diese Bruchstücke jetzt für die Ueberreste der Tasche, zu welcher die oben erwähnten Taschenbügel gehört haben. Wir hätten dann aus sehr alter Zeit die in den neuesten Zeiten wieder — erfundene Ledertasche, freilich ohne Schloß und Stahlbügel.

Pflanzenreste. (Zu Abschnitt 10).

Während und nach dem Druck dieses Bogens sind endlich auch sehr wichtige, verkohlte Feld- und Baumfrüchte zwischen den Bruchstücken der knöchernen Geräthe tief auf dem Grunde gefunden, und zwar nach den Bestimmungen des Herrn Professors Heer zu Zürich folgende.

Gewöhnlicher Waizen (Triticum vulgare),

der gewöhnliche, große Waizen, wie er auch in den Pfahl=
bauten der Schweiz vorkommt, über 1000 Körner.

Kleiner Pfahlbau-Waizen,

kleine rundliche Körner.

Gerste (Hordeum),

in wenig Körnern, deren Art nicht zu erkennen ist, (ob H.
hexastichon oder H. vulgare).

Hafer (Avena sativa),

in mehrern Körnern, unzweifelhafte Früchte, einige noch von
den Spelzen umgeben. Ist neu für alle Pfahlbauten
und von großem Interesse.

Zu noch größerm Beweise ist dabei unzweifelhaft auch

Brot

in schwarz verkohltem Zustande gefunden. Das Brot besteht
aus verkohlten Stücken von Flaben, welche ungefähr 1 Zoll
hoch sind, auf der Oberfläche aufgetrieben und glänzend erscheinen und auf einer graben Platte gebacken sind. Das
Mehl ist fein zerrieben gewesen und es zeigen sich keine ge-
quetschten Körner. Im äußern Ansehen ist das Brot von
Wismar ganz dem von Wangen, welches vor mir liegt, gleich
(vgl. Keller III, S. 107).

Wilde Aepfel (Pyrus malus),

kleine Früchte, verkohlt, ½ Zoll im Durchmesser, wie noch
jetzt die wilden Aepfel in Mecklenburg um Johannis.

Thierknochen. (Zu Abschnitt 11).

Fische.

Stör (Acipenser sturio).

Vom gemeinen Stör, und zwar von einem recht großen
Exemplar, wurden viele angebrannte und zerbrochene Knöchelchen
gefunden, namentlich ziemlich wohl erhaltene Rückenschilder
und auch Gesichtsknochen (nach Rütimeier).

Hölzernes Wagenrad

von

Schattingsdorf,

von

G. C. F. Lisch.

Zu Schattingsdorf im Fürstenthume Ratzeburg ward im
J. 1863 in einem Torfmoor 4 Fuß tief ein uraltes höl-
zernes Scheibenrad von einem Arbeiter gefunden und von
dem Herrn Archivrath Pastor Masch zu Demern, der es erworben, dem Vereine geschenkt. Nach der Auffindung ist von
dem Finder in der Gegend der Fundstelle weiter nachgesucht,
aber gar nichts weiter gefunden.

Das Rad bildet eine volle Scheibe aus dickem Holze,
ohne Speichen und Felgen, mit einer aus der Scheibe gearbeiteten Nabe. Es hat 2⅔ Fuß (80 Centimetres) im größten
Durchmesser und ist gegen die Mitte in der Nähe der Nabe
4 Zoll (9 Centimetres) und in der Nähe des Randes 2 Zoll
(4⅓ Centimetres) dick; es ist also linsenförmig gestaltet und ist
nicht völlig cirkelrund, 70 bis 80 Cent. im Durchmesser. Das
Rad ist aus 3 Stücken Holz zusammengesetzt, von denen das
mittlere 15 Zoll, die beiden andern 6 und 9 Zoll breit sind.
Auf dem mittlern Stück und einem Seitenstück sitzt noch die
dicke Rinde des Baumstammes vollständig, so daß die beiden
Fugen der drei Hölzer mit Rinde gefüllt gewesen sind. Der
erfahrene Tischlermeister Herr Christiansen in Schwerin ist der
Ansicht, daß das ganze Rad aus Einem Stück oder Einem
Baume gemacht ist, welcher unten Einen Stamm gebildet, sich
aber nach oben hin in drei dicht neben einander stehende
Stämme getheilt hat, deren Rinden sich scharf berühren. Das
eine Seitenstück ist nämlich aus dem ganzen Stück, bei einer
Knorren- oder Maserstelle, beim Herausheben offenbar abgebrochen, hat aber ursprünglich mit dem Mittelstück von Natur
zusammengesessen. Die drei Stücke des Holzes, aus welchem
das Scheibenrad gebildet ist, sind an einer Seite, wo die dicke

Nabe hervorsteht, zu beiden Seiten der Nabe durch zwei
horizontal etwas gekrümmte hölzerne Leiſten oder „Federn‟
aus anderm Holze, welche in eine, wahrſcheinlich durch Feuer=
ſteinmeißel gebildete, nach oben ſich verengende Nut (Schwalben=
ſchwanz) eingetrieben geweſen ſind, in einer graben Fläche zu=
ſammengehalten geweſen; die eine Nut geht ganz durch bis zu
den Rändern des Rades, die andere geht nur bis ⅞ durch,
weil ſie hier auf einen harten Knorren im Holze (Maſer)
ſtößt, wo, wie oben bemerkt, der Baumſtamm ſich verzweigt
hat. Die Nabe iſt in der mittlern, breiten Planke ſtehen ge=
blieben und aus dem dicken Holze herausgearbeitet; ſie ragt
nur an einer Seite des Rades, 1½ Zoll hoch und 2 Zoll
breit, hervor, und iſt im Loche 3½ Zoll weit.

Sehr merkwürdig iſt die Art der Verfertigung dieſes
Rades. Urſprünglich iſt das Holz wohl geſpalten geweſen;
die innere Seite, die Wagenſeite, welche ganz glatt iſt und auf
welcher das Rad im Moor gelegen hat, erſcheint wie eine ge=
ſpaltene Holzfläche, auf welcher nur einige Stellen geebnet
ſind. Die äußere Fläche, auf welcher die Nabe hervorſteht,
iſt aber aus einer dicken Planke ſo abgearbeitet, daß die ziem=
lich regelmäßig gearbeitete Nabe 1½ Zoll hoch ſtehen geblieben
iſt. Dieſe regelmäßige Abarbeitung der ganzen äußern
Fläche iſt durch allmähliges Abbrennen geſchehen. Ueber
die ganze Oberfläche und auch um die Nabe herum iſt eine
äußerſt dünne, feſte, glänzende Kohlenſchicht verbreitet, welche
ſich ziemlich regelmäßig ausdehnt; dieſe kohlige Oberfläche iſt
eigentlich keine Kohle, ſondern nur ſchwarz verkohltes Holz.
Auch auf der innern Wagenſeite ſcheinen einige Stellen, welche
vielleicht hervorgeragt haben, durch Abbrennen geebnet zu ſein.
Von Anwendung ſcharfer Werkzeuge zur Verfertigung iſt
nirgends eine Spur zu bemerken. Das Rad iſt alſo ohne
Zweifel durch Abbrennen gefertigt, wie die älteſten Schiffe
im Muſeum zu Kopenhagen ausgebrannte Eichenſtämme ſind.
Daß dieſes Rad bei einem Brande untergegangen und dabei
angebrannt ſei, iſt durchaus nicht wahrſcheinlich, da in dieſem
Falle die Fläche nicht ſo regelmäßig abgebrannt ſein und ſich
größere Stücke durchgebrannter Kohle und ausgebrannte Lücken
finden würden. Gebraucht iſt dieſes Rad viel, da es an dem
Rande, auf der Oberfläche und auf der Nabe glatt abge=
nutzt iſt.

Das Holz iſt, nach der Unterſuchung des kundigen Herrn
Forſtmeiſters Schröder zu Dargun, Birkenholz, allerdings
von einem ſehr ſtarken Baume. Es iſt jetzt ſehr leicht und
hellbraun, nicht ſchwarz, wie altes Eichenholz zu werden pflegt.

Es unterliegt keinem Zweifel, daß dieses Scheibenrad in die allerältesten Zeiten des Menschengeschlechts in den hiesigen Gegenden fällt, wohl sicher in die Zeiten der Steinperiode, da der Gebrauch von schneidenden Werkzeugen für so große Flächen noch nicht sichtbar ist. Vielleicht gehört es in einen Pfahlbau der Steinperiode, der bei dem Torfgraben nicht beobachtet ist.

Sehr merkwürdig ist die Entdeckung eines gleichen Rades, welches in Ober=Italien in dem der letzten Zeit der Steinperiode angehörenden Pfahlbau von Mercurago bei Arona am Lago Maggiore ungefähr um dieselbe Zeit gefunden ward. Der Herr Gastaldi zu Turin berichtet[1]) darüber: „Es ist einem Rade ähnlich, aber nicht ganz kreisförmig (im „größten Durchmesser 60 Centimetres). In der Mitte ist ein „Loch zur Aufnahme eines Rohres von der Gestalt einer Nabe „angebracht. Das Ganze besteht aus drei Brettern (aus „Nußbaumholz?) und wird zusammengehalten durch zwei Ver-„stärkungen, die sich in der Mitte des Rades begegnen und „schwalbenschwanzartig in die Bretter eingelassen sind. Die „Verstärkungen sind indessen nicht in gerader Linie, nämlich „parallel mit mit dem Durchmesser des Rades, sondern in „einem Bogen fast parallel mit der Peripherie angebracht, indem „sie, um eingefügt werden zu können, biegsam gemacht werden „mußten. Sie sind von Lärchenholz und an der untern Seite „verkohlt."

Dieses Rad gleicht also ganz unserm Rade von Schattingsdorf. Der Hauptunterschied zwischen beiden besteht darin, daß zu beiden Seiten der Nabe zwei halbmondförmige Oeffnungen durchgearbeitet sind, so daß hiedurch gewissermaßen schon eine Doppelspeiche gebildet wird, in deren Mitte die Nabe steht, und dadurch schon Anfänge von Felgen gebildet werden. Das italienische Rad bildet also die ersten Anfänge eines Speichenrades, während das meklenburgische Rad ein reines Scheibenrad ist. Ein anderer Unterschied ist nicht so bedeutend. Es sind in dem italienischen Rade eigentlich nicht „zwei Verstärkungen" (Leisten oder Federn) vorhanden, sondern nur zwei halbe, welche sich „in der Mitte des Rades begegnen" und zusammen eine ganze bilden, welche an einer Seite der Nabe liegt, während das meklenburgische Rad an jeder der beiden Langseiten neben der Nabe eine Feder hat. Leider ist die

---

[1]) Vgl. Mittheilungen der antiquarischen Gesellschaft in Zürich. Pfahlbauten, Vierter Bericht, von Dr. Ferd. Keller, 1861, S. 8—9, und Abbildung Taf. I, Fig. 12. Dieses Rad ist auch abgebildet in Staub, Pfahlbauten in den Schweizer=Seen, Taf. IV, Fig. 12; in der Beschreibung S. 50 ist der Fundort nicht angegeben.

Bearbeitungsweise des Rades von Mercurago nicht näher beschrieben.

Später ward in demselben Pfahlbau von Mercurago ein
zweites Rad[1]) gefunden, welches schon etwas ausgebildeter ist.
Es hat schon einen Radkring von Felgen (aus Nußbaumholz),
die durch Holzstücke verbunden sind, welche in Einschnitte mit
größter Genauigkeit eingelassen sind. Es hat gewissermaßen
6 Speichen. Zwei davon bilden ein grades Stück Holz, in
dessen Mitte sich die Nabe befindet. Die 4 andern Speichen
(aus Kastanienholz) sind in die große Mittelspeiche und in die
Felgen eingesetzt. Von Metall ist keine Spur vorhanden.

Alle diese Räder sind von großer Wichtigkeit für die
Culturgeschichte, da das Rad wohl die älteste Maschine
ist, welche die Menschheit erfunden hat. Daher mögen die
Räder auch wohl eine so große Rolle in der Symbolik
spielen. — Da nun auch schon viele Räder der alten und
jungen Bronzezeit bekannt geworden sind, so möchte sich wohl
schon eine Geschichte des Rades unternehmen lassen.

---

[1]) Vgl. Mittheilungen a. a. O. S. 13, und Abbildung Taf. I, Fig. 13.

Höhlenwohnungen von Dreveskirchen,

von

G. C. F. Lisch.

(Neue vermehrte und verbesserte Auflage, aus Jahrb. XXIX, 1864, S. 116 flgb.)

Ganz gleichen Charakter mit den Pfahlbauten haben die Höhlenwohnungen der Steinzeit in Meklenburg. Alle in beiden gefundenen Alterthümer sind völlig gleich. Jedoch ist es nicht zu erkennen, ob Höhlenwohnungen und Pfahlbauten in der Zeit neben einander standen oder auf einander folgten. Es leidet keinen Zweifel, daß Menschen der Steinzeit auch Wohnungen, Küchen, Keller 2c. in der Erde, in ausgegrabenen Höhlen hatten. Diese sind im Laufe der Jahrtausende verschüttet und können nur durch Zufall bei tiefen Ausgrabungen entdeckt werden, wozu die neue Erfindung des Drainirens des Ackers mitunter, wiewohl selten, Gelegenheit giebt.

Der Herr Koch auf Dreveskirchen bei Neu-Bukow, nicht weit von Wismar, entdeckte vor zehn Jahren beim Drainiren tief in der Erde Alterthümer aller Art aus der Steinperiode, in welchen ich zuerst die Ueberreste von Höhlenwohnungen zu erkennen glaubte. Die Alterthümer lagen immer ungefähr 5 Fuß tief in der Erde am Abhange einer kleinen Hügelkette, und zwar gewöhnlich dort, wo Sandschollen im Lehmboden standen. Hiedurch aufmerksam gemacht, setzte Herr Koch in den nächsten Jahren seine Beobachtungen beim Drainiren fort und fand an der ganzen Hügelkette und weiter hinaus Spuren von mehr als 50 Höhlenwohnungen. Man vgl. Jahrb. XIX, 1854, S. 289, XX, S. 276, und XXI, S. 228.

Im Jahre 1858 wurden auch zu Bresen bei Rehna Höhlenwohnungen entdeckt, welche denen von Dreveskirchen völlig gleich waren; vgl. Jahrb. XXVI, S. 127.

Die Beschaffenheit der Höhlenwohnungen ist immer dieselbe. In einer Tiefe von etwa 5 Fuß findet sich ein Fußboben ober ein Herb von Felbsteinen, ber gewöhnlich eine runde Form vermuthen läßt. Auf diesem Fußboben liegen nun viele Scherben von sehr dickwandigen Kochtöpfen, Holzkohlen, zerhauene Thierknochen und steinerne Alterthümer.

Der Herr Koch setzte seine Beobachtungen unverdrossen fort und hatte in ben jüngsten Zeiten (1863) das Glück, beim Ausgraben einer Mergelgrube, welches mehr Gelegenheit und Ruhe zur Beobachtung bot, als das Drainiren, eine ziemlich vollständige Höhlenwohnung zu entbecken. Diese lag in bem= selben Höhenzuge an bem Bache, welcher die Häuser der unmittelbar an einander grenzenden Dörfer Drevesfirchen und Blowatz von einander scheidet, am Bache abwärts hinter bem Hofe Drevesfirchen, und ist die östlichste der dort bisher ent= beckten Höhlenwohnungen, an ber Furth burch ben Bach, dessen Ufer zu ben Seiten an 10 Fuß Höhe haben, also zu= nächst unmittelbar an einer natürlichen, alten Berkehrsstraße. Ungefähr 5 Fuß tief lagen in gleicher Ebene neben einander Felbsteine, von bem Fußboben ober bem Feuerherbe, und auf und neben ben Steinen viele Alterthümer beisammen auf einem kleinen Raume.

Zunächst fand sich eine große Menge Scherben von Gefäßen zum häuslichen Gebrauche, alle sehr bick= wanbig, mit grobem Granitgrus durchknetet, ohne Verzie= rungen, also sehr verschieden von ben Graburnen, welche in ber Steinzeit fast immer bünnwanbig, fein und verziert sind. Es lassen sich Ueberreste von wenigstens vier bickwanbigen (Koch=)Töpfen unterscheiden, indem ber Boben von allen noch vollständig vorhanden ist, ba sie auf ben Felbstein= pflaster stanben; die Bobenstücke sind ¾ bis 1 Zoll bick. Man kann also annehmen, daß die Töpfe auf bem Feuerherbe stanben, als bie Wohnung zerstört warb; bei ber Zerstörung zerbrachen bie Seitenwände ber Töpfe, bie bicken Bobenstücke blieben aber unversehrt. Daneben fanben sich die Scherben von wenigstens acht kleineren Krügen mit bünnern Wänden. Auch Ueberreste von zwei sehr großen, bickwanbigen Gefäßen, Vorrathstöpfen(?), fanben sich, beren ziemlich große Scher= ben fast gar keine runde Schwingung zeigen, also auf unge= wöhnlich große Gefäße beuten.

Auch fand sich ein Stück von einer röthlich gebrannten Lehmwand mit ausgebrannten Stroheinbrücken.

Daneben lagen viele Thierknochen. Diese sind alle zerhauen. Ich habe grabe nicht so feine Ansichten, baß ich glaube, bie Alten hätten bie Knochen vorzüglich „beshalb" zerhauen, „um" die Lecferbiffen des Markes herauszuholen, sondern ich glaube, daß sie dies gewöhnlich ganz einfach des= halb gethan haben, um die Fleischstücke in die Kochtöpfe bringen zu können, welche nicht allzugroß waren, wie dies ja auch noch heute geschieht; das Mark werden sie sich gelegentlich dabei auch herausgeholt haben, wie heute. Es sind aber auch Knochen zerhauen, welche keine Markhöhlen haben.

Um nun den Kochherd vollständig erkennen zu laffen, fand man neben den Topffcherben noch viele ziemlich große Kohlen[1]) von Tannenholz.

Auch die Küchengeräthe, Hausgeräthe und Waffen aus Feuerstein fanden sich: eine Lanzen= oder Dolch= flinge (wie Frid. Franc. Tab. XXX, Fig. 4), eine halb= mondförmige Säge, wie oben S. 36 abgebildet, beide schon sehr gut muschelig behauen und ausgearbeitet, ein keilartiger Feuerstein als Hammer brauchbar, drei Feuersteinspäne, wie oben S. 34, von verschiedenen Formen, als Küchen= messer verwendbar. Alle Küchengeräthe sind offensichtlich viel gebraucht und abgenutzt.

Beim Aufräumen der Mergelgrube fand Herr Koch nach einiger Zeit folgende Alterthümer:

1 kugeligen Reibstein aus feinförnigem Granit, völlig in Kugelform abgerieben, 3½ Zoll in Durchmesser, (vgl. oben Abbildung S. 41), ein sehr wichtiges Fundstück, da diese Reib= steine das charakteristische Merkmal für alte menschliche Wohnungen aus der Steinzeit zu sein und ein hauptsäch= liches Haus= und Küchengeräth gebildet zu haben scheinen (vgl. Jahrb. XXVII, S. 168: Steinhäuser von Hilversum, und Jahrb. XXIX, S. 118, 125 flgb.);

1 zum Reibstein bestimmten, rundlichen Granitstein von ähnlicher Größe, welcher an einer Seite schon glatt abge= rieben ist;

1 durch Absplitterungen an allen Seiten zugerichteten, grauen Feuersteinblock, von 8 Zoll Länge und 1¼ bis 2¼ Zoll Dicke, von trapezförmigem Durchschnitt und mit einer zugerichteten Schneide am dünnen Ende, welcher entweder als Axt gebraucht oder zum Keil oder Dolch vorbereitet ist;

1 zerbrochenes spanförmiges Messer aus gelblichem Feuerstein.

Alle diese Stücke hat der Herr Koch persönlich von dem Boden der Höhlenwohnung selbst aufgesammelt.

---

[1]) In dem Mergel der Grube fand sich auch ein ziemlich großes Stück schwarzer Steinkohle als Geröll.

Ein Spindelstein aus hart gedörrtem Thon, welcher in der Gegend der Höhlenwohnung gefunden und dem Herrn Koch von den Arbeitern nachträglich gebracht ward, scheint nach der Form der Eisenzeit anzugehören und hier durch Zufall verloren gegangen zu sein, oder aus einer untergegangenen Wohnung jüngerer Zeit über der Erde zu stammen, da diese Stelle an der Furth eines Baches immer bewohnt gewesen sein wird.

Mehrere (scheinbar metallische) Schlacken, unter denen ein sehr großes Stück, lassen sich schwer erklären und sind wohl Producte des Kochherdes, oder später in die Erde hineingekommen.

Wir haben hier also eine vollständige Küche der Steinzeit vor uns und glauben wiederholt dargethan zu haben, daß zu einer Zeit der Steinperiode die Höhlenwohnungen oder Keller in den norddeutschen Hügelländern wohl ziemlich allgemein verbreitet waren.

Diese Höhlenwohnungen haben ganz denselben Inhalt, welcher in den holländischen Steinhäusern bei Hilversum entdeckt ist (vgl. Jahrb. XXVII, S. 168).

Diese Verhältnisse sind so klar, daß man sie wohl zur Richtschnur für andere Vorkommenheiten nehmen könnte [1]).

Von Wichtigkeit sind die Thierknochen. Der Herr Professor Steenstrup zu Kopenhagen hat die Güte gehabt, die gefundenen Knochen zu bestimmen. Die Knochen, welche sämmtlich zu den „gewöhnlichen Hausthierarten Nord- und Mittel-Europas" gehören, sind folgende:

1) vom zahmen Rind (Bos taurus): Unterwand der Augenhöhle von einem ziemlich starken Thiere, Bruchstücke von Rückenwirbeln (durch Hundezähne angenagt), vom Becken, vom Unterarm (radius), vom metatarsus, vom humerus und zwei Phalangen;

2) vom zahmen Schwein (Sus Scrofa domesticus): zwei Backenzähne;

3) vom Schaf (Ovis Aries domest.): linker Unterkiefer;

4) vom Pferd (Equus Caballus), ziemlich mittlerer Größe: ein Backenzahn von der rechten Seite des Oberkiefers;

---

[1]) An dieser Stelle hatte ich Zweifel an dem hohen Alterthum der diluvianischen Feuersteingeräthe, von Abbeville ausgesprochen und angedeutet, daß diese auch aus Höhlenwohnungen stammen könnten. Nachdem aber Herr Boucher de Perthes zu Abbeville den großherzoglichen Sammlungen in Schwerin eine schöne Sammlung von diesen Alterthümern mit der dazu gehörenden Literatur zum Geschenke verehrt hat, habe ich gleiche Ueberzeugungen mit Herrn Boucher gewinnen müssen und nehme meine Zweifel gerne zurück.

5) von der Gans (Anser domesticus?), ob wild oder zahm, ist nicht genau zu sagen: eine tibia (durch Raubthiere oder Hunde angenagt).

Dieses Resultat stimmt mit dem Resultate der Knochenuntersuchungen aus den Pfahlbauten von Gägelow und Wismar überein, indem in diesen auch nur zahme Hausthiere vorkommen. Dennoch gehört die Höhlenwohnung noch der Steinperiode an, jedoch der Steinperiode jüngerer Zeit, da die Feuersteingeräthe schon sehr sauber und kunstvoll geschlagen sind. Es mag nicht unwahrscheinlich sein, daß je weiter nach dem Norden hinab die Thiere in jüngern Zeiten desto mehr schon als Hausthiere in den Racen gekreuzt einwanderten.

Die Erscheinung der Höhlenwohnungen ist nicht unerhört. Auch in der Schweiz sind außer den Pfahlbauten Höhlenwohnungen oder „Landdörfer" entdeckt; vgl. Mittheilungen der antiquarischen Gesellschaft in Zürich Bd. VII und Bd. XIV, Heft 6, Pfahlbauten, Fünfter Bericht, 1863, S. 162 (34), und Staub: Pfahlbauten in den Schweizer Seen, 1864, S. 28 und 39. Der Herr Escher von Berg entdeckte im J. 1851, ungefähr gleichzeitig mit den Entdeckungen des Herrn Koch in Meklenburg, diese Wohnungen am Ebersberg, am Abhange des Irchel, im Canton Zürich, indem er die Arbeiten in einer Kiesgrube auf dem Felde beobachtete, durch welche Topfscherben und mancherlei Geräthe zum Vorschein kamen. Angeregt durch die bald darauf folgende Entdeckung der Pfahlbauten setzte er die Forschungen mit Ausdauer und Einsicht fort und unternahm im Sommer 1862 wieder, ungefähr gleichzeitig mit dem Herrn Koch zu Dreveskirchen, eine große Ausgrabung, bei welcher in 64 Tagen eine Bodenfläche von ungefähr 5000 Quadratfuß umgegraben ward. „Die „etwa 1½ Fuß dicke Fundschicht befindet sich unter einer Lage „von Dammerde von 5 bis 6 Fuß Tiefe. Die Fundschicht „mit ihren zahllosen Fragmenten von Thongeschirren, Stein- „und Bronzegeräthen und Thierresten ruhte in der Regel auf „einem aus Letten und Kies bestehenden, sorgfältig eben gestampften Estrich, an zwei Stellen auf einem Pflaster aus „Kieselsteinen. Die Ueberdeckung wurde verursacht durch eine „ungemein langsam vor sich gehende Anschwemmung aus dem „Gelände von oben herab." Keller urtheilt a. a. O., S. 162, über diese „Localität, welche für das Studium der Pfahlbauten von großer Wichtigkeit ist," folgendermaßen. „Die Reste dieses „Wohnortes stellen sich nämlich als eine Niederlassung auf „festem Boden dar, welche sich rücksichtlich der Cultur ihrer

„Bewohner und der Zeit ihrer Existenz ganz genau an die-
„jenigen Etablissements anschließt, welche in der Steinzeit
„gegründet bis auf die Bronzezeit besetzt blieben, aber vor
„der Verbreitung des Eisens aufgegeben wurden. Speciell ver-
„wandt ist Ebersberg mit den Terra-Firma-Ansiedelungen zu
„Windisch Burg bei Vilters (unweit Ragaz, K. St. Gallen)
„und andern noch wenig untersuchten Puncten, in denen Stein-
„beile, Feuersteinmesser, sogenannte Kornquetscher, Knochen-
„und Hornwerkzeuge, dann Geräthschaften, Schmucksachen aus
„Bronze vorkommen, — alles Dinge, welche mit den Alter-
„thümern der Pfahlbauten dies- und jenseit der Alpen völlig
„identisch sind. Angesichts dieser Thatsache kann die Richtig-
„keit der Annahme, daß die Ansiedelungen der Bevölkerung,
„welche die Pfahlbauten errichtete, auch über das feste
„Land verbreitet waren, durchaus nicht bezweifelt werden.“
Es gab also, nach Staub, „schon in der Steinzeit zweierlei
Dörfer: Seedörfer und Landdörfer.“

Höhlenwohnungen von Wismar.

Nach dem zuverlässigen Berichte des Herrn Dr. med.
Techen zu Wismar ward vor mehreren Jahren bei den Ausgrabungen zu dem Hause des Herrn Abbocaten Düberg vor
den Thoren der Stadt Wismar auf dem nach der Klus hin
gelegenen Theile des Galgenberges eine alte Höhlenwohnung
entdeckt, indem sich in der Tiefe der Fußboden einer Grube
von 6 bis 8 Fuß Durchmesser fand, auf welchem viele
Kohlen und Topfscherben, und was vorzüglich wichtig ist,
sehr viele Muschelschalen fanden. Leider ward damals
der Fund noch nicht weiter beachtet, so daß sich nichts Ge-
naueres mehr darüber sagen läßt.

G. C. F. Lisch.